Elisabeth Stiefel

Kleine Chronik großer Paare

Aus dem Leben von Ida und Friedrich von Bodelschwingh, Anna Rebecca und Matthias Claudius, Coretta Scott King und Martin Luther King, Hanni Stein und Jochen Klepper, Joy Davidman und C. S. Lewis und anderen

francke

Über die Autorin:
Elisabeth Stiefel, Jg. 1958, ist verheiratet und hat vier Kinder. Neben ihrem Job als Hausfrau und Mutter engagiert sie sich seit vielen Jahren in der kirchlichen Frauenarbeit. Sie lebt mit ihrer Familie in Dettingen.

Bibliografische Information Der Deutschen Bibliothek
Die Deutsche Bibliothek verzeichnet diese Publikation in der Deutschen Nationalbibliografie; detaillierte bibliografische Daten sind im Internet über http://dnb.ddb.de abrufbar.

ISBN 978-3-86827-107-2

35037 Marburg an der Lahn
Umschlaggestaltung: www.designbuero-oetjen.de
Zeichnungen: Christian Heinritz
Satz: Verlag der Francke-Buchhandlung GmbH
Druck und Bindung: CPI Moravia Books, Korneuburg

www.francke-buch.de

Inhaltsverzeichnis

Anna Rebecca und Matthias Claudius

Die Liebe hemmet nichts; sie kennt nicht Tür noch Riegel,
und dringt durch alles sich;
sie ist ohn Anbeginn, schlug ewig ihre Flügel
und schlägt sie ewiglich.

Dieses Liebesgedicht veröffentlichte Matthias Claudius 1798 im sechsten Teil seiner Publikation „Sämtliche Werke“, einem Band, der teils neue, teils in seiner Zeitschrift „Der Wandsbecker Bothe“ bereits abgedruckte Werke enthielt. Zu diesem Zeitpunkt lagen hinter dem Ehepaar Claudius bereits über zwanzig gemeinsame Jahre, die nicht immer leicht gewesen waren. Miteinander hatte das Ehepaar Claudius viele Höhen und Tiefen bewältigt. Doch die Zeilen dieses Gedichtes drücken eine tiefgreifende Erfahrung aus, die das Ehepaar Claudius in all dieser Zeit gemacht hat, nämlich dass der Liebe keine Grenzen gesetzt sind und sie alles, selbst die dunkelste Stunde, überstehen kann. Trotz zeitweise schwieriger Lebensumstände waren Anna Rebecca und Matthias Claudius einander immer noch in Liebe verbunden. Wie lebte ein Ehepaar, das nach so vielen gemeinsamen Jahren so begeistert über die Liebe schreiben konnte?

Anna Rebecca und Matthias Claudius hatten ihre Kindheit und Jugend unter ganz unterschiedlichen Bedingungen verlebt.

Anna Rebecca Behn wurde 1754 als drittes von sieben Kindern geboren. Ihr Vater war Zimmermann und die Eltern besaßen eine kleine Gastwirtschaft. Nach dem Besuch der Dorfschule bestand Rebeccas Aufgabe darin, ihre Mutter zu unterstützen und in der elterlichen Gastwirtschaft mitzuhelfen. So war ihre Schulbildung zwar nicht sehr umfassend, ihre Erziehung und das Familienleben der Familie Behn ließen sie jedoch zu einer lebenstüchtigen, praktisch veranlagten Frau heranwachsen.

Matthias Claudius war 14 Jahre älter als seine Rebecca. Als Sohn eines Pfarrers war er zunächst von seinem Vater unterrichtet worden. Nach dem Besuch der Lateinschule begann er zusammen mit seinem Bruder Josias 1759 Theologie und Rechtswissenschaften zu studieren. 1760 erkrankten beide Brüder an Pocken. Josias starb an der schweren Krankheit. Matthias brach daraufhin sein Studium ab und kehrte in sein Elternhaus zurück. Er begann seine Erlebnisse, seine Gedanken und seinen Glauben in Erzählungen und Gedichten niederzuschreiben. 1763 wurde sein erstes Buch „Tändeleyen und Erzählungen“ veröffentlicht. Im folgenden Jahr wurde er Privatsekretär des Grafen von Holstein in Kopenhagen. 1768 erhielt er eine Stelle als Redakteur der „Hamburgischen Adreß-Comtoir-Nachrichten“. 1771 wurde ihm die Schriftleitung des „Wandsbecker Bothen“ angeboten, eine Zeitung, die nach dem Willen ihres Verlegers Bode sowohl unterhaltend als auch moralisch-erbaulich sein sollte. Die Aufgabe, Redakteur des „Wandsbecker Bothen“ zu werden, nahm Claudius gerne an. Diese neue Arbeit brachte es mit sich, dass er sich in Wandsbek, einem Dorf nahe Hamburg, nach einer Wohnung umsehen musste. Matthias Claudius fand dort nicht nur eine angemessene Unterkunft, sondern auch die Liebe seines Lebens.

Sein Urenkel, Hermann Claudius, beschrieb in seiner Biografie über den bekannten Urgroßvater das erste Zusammentreffen von Rebecca und Matthias Claudius folgendermaßen:

Als Claudius nach Wandsbek kommt, um für die dortige Druckerei des Wandsbecker Bothen eine Unterkunft zu suchen, findet er ein zur Miete gestelltes Haus nahe der Kirche. Es ist verschlossen, und der Schlüssel befindet sich bei dem Zimmermeister Behn hinterm Stern. Claudius begibt sich dorthin. Der Zimmermeister Behn hat einen kleinen Krug inne. Weder er noch die Frau sind zu Hause. So bittet Claudius die siebzehnjährige Tochter, die herein getreten ist. Sie wischt sich den Mund, denn sie hat soeben Schwarzsauer gegessen und Claudius muss lächeln. Zum Unglück – oder soll man zum Glück sagen? Ist der Schlüssel in einem Kasten aufbewahrt, der wiederum verschlossen, und dazu der Schlüssel nirgends zu finden ist. Schnell holt das junge Mädchen ein Beil und schlägt den Deckel des Kastens ein. Er nimmt ihn mit sich, er nimmt aber mehr mit sich. Man mag getrost sagen: es ist der Schlüssel zu seinem Lebensglück.

Nicht lange nach dieser ersten, schicksalhaften Begegnung im September 1771 hielt der einunddreißigjährige Matthias Claudius bei Vater Behn um die Hand seiner achtzehnjährigen Tochter Rebecca an. Rebecca willigte freudig ein. Im Hause Claudius wurde der 16. September später stets wie ein hoher Festtag gefeiert, war dies doch der Tag, an dem sich Rebecca und Matthias Claudius verlobt hatten.

Sechs Monate später, am 15. März 1772, wurden die engsten Freunde des jungen Paares zu einem Beisammensein nach Wandsbek zu Matthias Claudius eingeladen. Die Gäste wussten nicht, was sie erwartete. Erst als alle versammelt waren, lenkte der Gastgeber das Gespräch wie zufällig auf das Thema Heirat. Nun erfuhren die erstaunten Gäste, dass sie zu einer Hochzeit eingeladen waren. Matthias zog den Ehekonsens aus der Schublade und der anwesende Pfarrer traute Matthias und Anna Rebecca Claudius. Anschließend wurde die Hochzeitsgesellschaft im Gasthof der Familie Behn von der Brautmutter festlich bewirtet.

Die Freunde waren überrascht von der unerwarteten Eheschließung, aber auch besorgt, brachte doch keiner der beiden Eheleute ein großes Vermögen in die Ehe mit ein. Zudem waren Matthias' berufliche Zukunft und sein Einkommen äußerst unsicher. Zeitlebens waren Rebecca und

Matthias Claudius nicht wohlhabend, aber ihr Leben war geprägt von gegenseitiger Liebe und Achtung, Humor und tiefer Frömmigkeit. Vor allem aber wussten Rebecca und Matthias Claudius sich auf ihrem gemeinsamen Lebensweg von Gott geführt.

Der Dichter Matthias Claudius verarbeitete viele Erlebnisse, indem er seine Erfahrungen niederschrieb und die Leser dadurch an seinem Leben teilhaben ließ. So schrieb er zwei Wochen nach seiner Hochzeit im „Wandsbecker Bothen" über die Liebe:

Da steht man und zittert und verstummt und das Herz fängt einem an zu schlagen und die Wange zu glühen, und man weiß nicht wie und warum. Und gerade da wo die Philosophie scheitert und die Vernunft sich hinter den Ohren kratzen muß, wo man ein Sausen hört aber nicht weiß woher es kommt und wohin es fähret, gerade da vermute ich Gottes Führung.

Nach der Hochzeit zog das junge Ehepaar in ein Mietshäuschen in Wandsbek. Die Möbel hatte Rebeccas Vater selbst hergestellt. Rebecca und Matthias Claudius fühlten sich in ihrer neuen Heimat sehr wohl.

Doch schon im ersten Ehejahr überschattete Leid das fröhliche Treiben im Hause Claudius. Rebeccas erstes Kind wurde viel zu früh geboren und lebte nur wenige Stunden. Die Mutter wurde daraufhin krank und brauchte lange, bis sie sich von diesem Schicksalsschlag erholt hatte.

Als 1774 jedoch ihr Töchterchen Maria Caroline Elisabeth zur Welt kam, war aller Kummer vergessen. Das Töchterchen bereitete dem Ehepaar viel Freude. Bereits ein Jahr später, 1775, wurde die zweite Tochter, Christiane Marie Auguste, geboren. Matthias war glücklich über seine Familie und er unterstützte seine Frau stets liebevoll bei ihrer Arbeit als Hausfrau und Mutter. Immer wieder verfasste er Gedichte, in denen er seine Erfahrungen und Erlebnisse beschrieb. Auf diese Verse erhalten wir ein eindrückliches Bild von seiner Beziehung zu Rebecca und von dem Familienleben im Hause Claudius.

Die Liebe und Wertschätzung gegenüber seiner Frau und seinen Kindern kommt in vielen seiner Werke zum Ausdruck. In einem seiner Gedichte beschreibt er beispielsweise seine Empfindungen: „Als er sein Weib und's Kind an ihrer Brust schlafend fand":

Das heiß' ich rechte Augenweide,
's Herz weidet sich zugleich.
Der alles segnet, segn' euch beide!
Euch liebes Schlafgesindel, euch!

Die finanzielle Situation der wachsenden Familie verschlechterte sich zunehmend. Rebecca hatte Mühe, für das tägliche Brot der Familie zu sorgen, nachdem ihrem Ehemann 1775 beim „Wandsbecker Bothen" gekündigt worden war. Glücklicherweise hatte Matthias Claudius seine Artikel, die er in der Zeitschrift veröffentlicht hatte, gesammelt. Diese gab er nun in einem Sammelband heraus. Von dem Erlös aus dem Absatz dieses Bandes und von Verdiensten aus Übersetzungsarbeiten des Vaters lebte die Familie Claudius nun. Rebecca musste sehr sparsam wirtschaften. Trotzdem war das Haus Claudius für seine Gastfreundschaft bekannt. Auch ihren Humor ließ sich die Familie nie nehmen, wie folgendes Gedicht anlässlich des ersten Zahnes eines der Kinder zeigt:

Motetto,
als der erste Zahn durch war

Victoria, Victoria!
Der kleine weiße Zahn ist da.
Du Mutter! komm, und groß und klein
im Hause! kommt, und kuckt hinein,
und seht den hellen weißen Schein.

Der Zahn soll Alexander heißen.
Du liebes Kind! Gott halt ihn dir gesund,
und geb dir Zähne mehr in deinen kleinen Mund,
und immer was dafür zu beißen!

„... und immer was dafür zu beißen" – für Rebecca war es nicht leicht, dafür zu sorgen, dass die Familie immer satt wurde. Matthias hingegen begegnete den materiellen Sorgen oft mit großer Gelassenheit und mit viel Humor. So berichtete sein Sohn Fritz:

Vater ließ die Not gar nicht an sich herankommen und scherzte, wenn sie da war. Frau Rebecca war es allein, welche die Sorgen trug und im Stillen die Finanzangelegenheiten mit großer Klugheit leitete. Wenn er nach seiner Anstellung seine Quartalgelder erhalten hatte, pflegte er dann meiner Mutter davon zuzuteilen. Einst legte er, wie ich mich erinnere, um Michaelis lachend einen Speciestaler vor ihr auf den Tisch mit den Worten; So, Mama, nun bis Weihnacht nichts wei-

ter! Er tröstete sie auch nicht selten damit, dass die reiche Erbschaft des nach Ostindien gegangenen Vetters Lorck aus Flensburg bald anlangen sollte.

Ein Freund der Familie, Gottfried Herder, sorgte schließlich dafür, dass Matthias eine Stelle in der Oberlandeskommission in Darmstadt angeboten wurde. Der Familie fiel es sehr schwer, ihr geliebtes Wandsbek zu verlassen. Aber der Gedanke an ein geregeltes Einkommen veranlasste sie schließlich im Jahr 1776 zum Umzug nach Darmstadt. Den ganzen Hausstand mithilfe von Kutsche und Pferden zu transportieren war ein Aufwand, den wir uns heute wohl kaum vorstellen können. Rebecca mühte sich redlich, in der neuen Heimat Fuß zu fassen, aber sie fühlte sich dort sehr einsam. Ihr fehlten die Freunde und die Verwandten aus Wandsbek. Auch Matthias fühlte sich in Darmstadt nicht wohl. Er konnte sich mit seinen neuen politischen Aufgaben nicht anfreunden. Die dortige Amtspraxis widerstrebte ihm. Da die ganze Familie von Heimweh nach der alten Heimat geplagt wurde, beschlossen die Eltern schließlich, wieder zurück nach Wandsbek zu ziehen. Doch dann erkrankte Matthias an einer schweren Brustfellentzündung. Rebecca pflegte ihn aufopferungsvoll und Matthias wurde schließlich wieder gesund. Dankbar schrieb Rebecca an eine Freundin:

Mein Mann ist gottlob und Dank außer Gefahr und mir ist das Herz schon ein gut Teil leichter als es vor acht Tagen war!

Allerdings musste der Umzug nun sehr schnell erfolgen, da Rebecca wieder schwanger war und die Familie noch vor der Geburt des dritten Kindes zurück in Wandsbek sein wollte. So schnell wie möglich wurde der Hausrat verpackt. Am 21. April 1777 verließ die Reisekutsche mit der Familie Claudius Darmstadt. Nach Zwischenstopps in Frankfurt, Kassel und Hamburg erreichten sie schließlich am 4. Mai Wandsbek. Sie konnten wieder in ihr altes Haus ziehen. Im Juni wurde dann die dritte Tochter geboren, Anna Friederike Petrine.

Die Familie Claudius lebte nun wieder von den Erlösen aus Matthias' Übersetzungsarbeiten und Schriften. Zusätzlich nahm Rebecca noch einige Zöglinge auf. Es handelte sich um Jungen, die im Haus mitlebten und von Rebecca und Matthias erzogen und auch unterrichtet wurden. Da diese Zöglinge aus begüterten Häusern stammten, entspannte sich dadurch die finanzielle Situation der Familie.

Die Familie wuchs weiter. Die Freude war groß, als Rebecca 1779 wieder ein Mädchen zur Welt brachte. Die wachsende Kinderschar sahen die Eheleute nie als Last, sondern stets als eine gute Gabe Gottes, an der sie ihre Freude hatten. Obwohl sie sich auch nach einem Sohn sehnten, freuten sie sich über jedes weitere Mädchen. So schrieb Rebecca später an eine Freundin:

Gerade den Tag, als ich an Sie schreiben wollte um Ihrer Schwiegermutter den Brief mitzugeben, kam mein kleines Mädchen an, flink und rasch ... Einen Jungen habe ich gar nicht vermutet, also mich auch nicht gewundert, als wieder ein Mädchen kam. Ich habe herzlich einen gewünscht, bin aber doch recht fröhlich und danke Gott, dass es so ist wie es ist ... Mein Mädchen heißt Augusta Ernestine Wilhelmine.

Wie fröhlich und unbeschwert es im Hause Claudius trotz aller materiellen Engpässe zuging, zeigt ein Lied, das Matthias „täglich zu singen“ empfahl:

Täglich zu singen

Ich danke Gott, und freue mich
Wie's Kind zur Weihnachtsgabe,
daß ich bin, bin! Und daß ich dich,
schön menschlich Antlitz! habe;
daß ich die Sonne, Berg und Meer,
und Laub und Gras kann sehen,
und abends unterm Sternenheer
und lieben Monde gehen,
(...)
Ich danke Gott mit Saitenspiel,
daß ich kein König worden;
ich wär geschmeichelt worden viel,
und wär vielleicht verdorben.
Auch bet ich ihn von Herzen an,
daß ich auf dieser Erde
nicht bin ein großer reicher Mann,
und auch wohl keiner werde.
Denn Ehr und Reichtum treibt und bläht,
hat mancherlei Gefahren,
und vielen hat's das Herz verdreht,
die weiland wacker waren.
Und all das Geld und all das Gut
gewährt zwar viele Sachen;
Gesundheit, Schlaf und guten Mut
kann's aber doch nicht machen.

(...)
Gott gebe mir nur jeden Tag,
soviel ich darf zum Leben.
Er gibt's dem Sperling auf dem Dach;
wie sollt er's mir nicht geben!

1781 wurde wieder eine Tochter geboren, Johanna Catharina Henriette, und das kleine Haus wurde für die große Familie allmählich zu eng. Nachdem Kronprinz Friedrich von Dänemark Matthias Claudius eine jährliche Rente von 200 Talern zugesichert hatte, konnten sie es wagen, in ein größeres Haus zu ziehen. Endlich hatte die Familie genügend Platz. Rebeccas Sorgen um das tägliche Brot für ihre große Familie hatten nun ein Ende, da zu dem Haus ein Obstgarten gehörte. Zudem verfügte die Familie nun über eine Kuh und eine Ziege, die den täglichen Bedarf an Milch deckten.

Zu allen Zeiten überwog die Dankbarkeit im Hause Claudius. Den Eltern war stets bewusst, wie wichtig es war, Gott als den Schöpfer aller Dinge nie zu vergessen. Diese Lebenseinstellung prägte die Atmosphäre in der Familie. Der Dichter wurde nicht müde, seine Dankbarkeit gegenüber Gott auch in seinen Werken zum Ausdruck zu bringen. 1783 dichtete Matthias dankbar sein Bauernlied, das auch ins Evangelische Kirchengesangbuch aufgenommen wurde:

Wir pflügen, und wir streuen den Samen auf das Land,
doch Wachstum und Gedeihen
steht in des Himmels Hand:
der tut mit leisem Wehen sich mild und heimlich auf

und träuft, wenn heim wir gehen,
Wuchs und Gedeihen drauf.

Alle gute Gabe kommt her von Gott dem Herrn,
drum dankt ihm, dankt,
drum dankt ihm, dankt und hofft auf ihn.

(...)

Was nah ist und was ferne, von Gott kommt alles her,
der Strohhalm und die Sterne, der Sperling und das Meer.
Von ihm sind Büsch und Blätter und Korn und Obst von ihm,
das schöne Frühlingswetter und Schnee und Ungestüm.

Er lässt die Sonn aufgehen, er stellt des Mondes Lauf;
er lässt die Winde wehen und tut den Himmel auf.
Er schenkt uns so viel Freude, er macht uns frisch und rot;
er gibt den Kühen Weide und unsern Kindern Brot.

Die Familie wuchs weiter. 1783 wurde endlich der lang ersehnte Sohn geboren. Er erhielt den Namen Johannes. Die Freude in der Familie war groß. Stetig wuchs die Familie weiter: 1784 kamen die Tochter Rebecca und 1786 der Sohn Matthias zur Welt. Der kleine Matthias starb jedoch bereits im Alter von zwei Jahren. Die Mutter kam nur schwer über diesen Verlust hinweg und war von dieser Zeit an immer kränklich. So wechselten sich Freude und Leid im Hause Claudius ab. Es wurden noch drei Söhne geboren: Fritz 1789, Ernst 1792 und Franz 1794.

Die Fröhlichkeit und der Humor, die im Hause Claudius herrschten, beeindruckten Freunde und Besucher immer wieder aufs Neue. Der Vater erdachte sich zur Freude der Kinder stets neue Feste, die das Familienleben im Hause Claudius bereicherten. Da die Familie nicht reich war, bestand das Essen dann aus dem, was der Garten und die Umgebung erübrigten. Wichtig war eine fröhliche, zufriedene Lebenseinstellung. So gab es beispielsweise den „Grünzüngel", den man feierte, wenn die ersten jungen Erbsen und Bohnen gepflückt und verspeist werden konnten. Der Familienvater berichtete:

Der Herbstling ist nur kurz und wird mit Bratäpfeln gefeiert. Nämlich: Wenn im Herbst der erste Schnee fällt, und darauf muss genau achtgegeben werden, nimmt man so viel Äpfel als Kinder und Personen im Hause sind und noch einige darüber, damit, wenn etwa ein Dritter dazukäme, keiner an seiner Quota gekürzt werde, tut sie in den Ofen, wartet, bis sie gebraten sind, und isst sie denn. So simpel das Ding anzusehen ist, so gut nimmt sich's aus, wenn's recht gemacht wird. Dass dabei allerhand vernünftige Diskurse geführt auch oft in den Ofen hineingeguckt werden muss etc., versteht sich von selbst.

Ein ganz besonderes Zeugnis seiner tiefen Liebe zu Rebecca, die auch in späteren Jahren nicht erlosch, war das originelle Gedicht, das Matthias Claudius schrieb, als seine Frau 30 Jahre alt wurde:

Frau Rebecca

Wo war ich doch vor dreißig Jahr,
als deine Mutter dich gebar?
Wär ich doch dagewesen! –
Gelauert hätt ich an der Tür
auf dein Geschrei, und für und für
gebetet und gelesen.

Und kam's Geschrei – nun marsch hinein.
„Du kleines liebes Mägdelein,
mein Reis'gefährt, willkommen!"
Und hätte dich denn weich und warm
zum ersten Mal in meinen Arm
mit Leib und Seel genommen.

Und hätte dich denn weich und warm
mit Leib und Seel auf meinen Arm
zum erstenmal genommen ...
„Du frommes liebes Mägdelein,
ich hab dich sonst noch nicht gesehn,
willkommen, bis willkommen! –

Wie bist du, lieber Reis'gefährt,
in deinen Windeln mir so wert!
O werde nicht geringer!
Du Mutter, lehr das Mägdlein wohl!
Und wenn ich wieder kommen soll,
so pfeif nur auf dem Finger."

Zur großen Erleichterung der Familie wurde Matthias Claudius 1788 vom Kronprinzen Friedrich von Dänemark als Revisor bei einer Bank in Altona angestellt. Mit dieser Aufgabe war ein Jahresgehalt von 800 Talern verbunden. So hatte die große Familie nun endlich keine finanziellen Sorgen mehr.

Doch wurde die Familie Claudius auch in späteren Jahren nicht vor großem Leid bewahrt: 1796 starb die zweitälteste Tochter Christiane unerwartet an einem Nervenfieber. Sie wurde nur zwanzig Jahre alt. Die Eltern waren tief getroffen von diesem schweren Verlust. Nur ihr Glaube und das Vertrauen darauf, dass ihre geliebte Tochter nun in Gottes Ewigkeit ein Leben ohne Krankheit und Schmerzen haben würde, tröstete sie.

Trotz dieses schweren Schicksalsschlages feierte die Familie Claudius ein Jahr später ein großes Fest. Gemeinsam mit ihren neun Kindern im Alter zwischen drei und dreiundzwanzig Jahren feierten Matthias und Rebecca Claudius am 15. März 1797 ihre Silberhochzeit.

Es ist immer wieder beeindruckend, wie es dem Ehepaar Claudius gelang, sich trotz der vielen großen und kleinen Alltagssorgen ihre Liebe zu bewahren. So dichtete Matthias für seine Frau das folgende bewegende Lied zur silbernen Hochzeit:

An Frau Rebecca
bei der silbernen Hochzeit, den 15. März 1797

Ich habe Dich geliebet und ich will Dich lieben,
solang Du goldner Engel bist;

in diesem wüsten Lande hier, und drüben
im Lande wo es besser ist.

(…)

Ich danke Dir mein Wohl, mein Glück in diesem Leben.
Ich war wohl klug, dass ich Dich fand;
doch ich fand nicht. Gott hat Dich mir gegeben;
so segnet keine andre Hand.

Sein Tun ist je und je großmütig und verborgen;
und darum hoff ich, fromm und blind,
er werde auch für unsre Kinder sorgen,
die unser Schatz und Reichtum sind.

Und werde sie regieren, werde für sie wachen,
sie an sich halten Tag und Nacht,
dass sie wert werden, und auch glücklich machen,
wie ihre Mutter glücklich macht.

Uns hat gewogt die Freude, wie es wogt und flutet
im Meer, so weit und breit und hoch! –
Doch manchmal auch hat uns das Herz geblutet,
geblutet … ach, und blutet noch.

Es gibt in dieser Welt nicht lauter gute Tage,
wir kommen hier zu leiden her;
und jeder Mensch hat seine eigne Plage,
und noch sein heimlich Crève-coeur.

Heut aber schlag ich aus dem Sinn mir alles Trübe,
vergesse allen meinen Schmerz;
und drücke fröhlich Dich, mit voller Liebe,
vor Gottes Antlitz an mein Herz.

Mit den Jahren wurde das Haus der Familie Claudius leerer. Dort, wo einst drangvolle Enge herrschte, gab es nun Platz. Die Kinder verließen eins ums andere die Eltern, um sich ihr eigenes Leben aufzubauen. Die Eltern begleiteten sie sorgend und betend.

Doch auch in späteren Jahren blieb das Ehepaar Claudius in Liebe verbunden. Weder das Alter noch die allmählich einsetzende körperliche Schwäche und die sich abzeichnenden Gebrechen minderten die gegenseitige Zuneigung. So schrieb Matthias an seine Rebecca einen berührenden Brief aus Altona, wo er seiner Tätigkeit als Revisor bei der dortigen Bank nachging:

Liebes, mein allerliebstes Bettchen,
Nun guten Morgen, liebe alte Rebecca, übermorgen, will's Gott, sehe ich Dich wieder. Es ist doch närrisch, da wir am Ende gern beisammen sind, dass wir eine Meile weit auseinander sein müssen und ich in Altona für mich addieren muss und Du in Wandsbek für Dich Würste machst. Spart nur eine Wurst bis Sonnabend für mich auf. Grüße Gustgen und die Trinette und die Rebecca und den Fritz und den Ernst und den Franz und Dich selbst ganz herzlich und aber herzlich von mir und noch einmal herzlich.
Dein alter Liebhaber M.C.

Als das Paar 1807 auf 35 gemeinsame Jahre zurückblicken konnte, schrieb der Dichter einen herzlichen Brief an seine Frau, in dem er seine Liebe zum Ausdruck brachte:

... dann danke ich Dir noch heute diesen Tag für das, was Du mir heute Abend vor 35 Jahren sagtest, und schicke Dir ein Myrthen-Kränzchen, da die Myrthe diesen zarten Angelegenheiten geheiligt ist. Die Alten bedienten sich derselben, um Freude und Leid auszudrücken, und so soll obhandenes Kränzlein auf was Dir seit jenem Abend Angenehmes widerfahren ist, jubilieren und, was Dir Unangenehmes geschehen, klagen. Der rote, sich überall durchschlängelnde seidene Faden bedeutet meine Liebe, und der Pfennig, der daran hängt, ist ein prophetischer Pfennig und prophezeit eine große Menge Pfennige, die Du noch nicht siehst, liebe beste Rebecca.

Im August 1813 zwangen die Auswirkungen der napoleonischen Kriege den dreiundsiebzigjährigen Matthias Claudius und seine Frau zur Flucht aus Wandsbek. In Kiel und in Lübeck fanden sie Unterschlupf. Erst im Mai 1814 konnten sie wieder in ihr geliebtes Wandsbek zurückkehren. Die Strapazen der Flucht und auch das Alter machten sich jedoch nun bei Matthias Claudius bemerkbar und er wurde immer schwächer.

Die Krankheit und die körperlichen Beeinträchtigungen von Matthias Claudius prägten immer mehr das Leben des Paares. Die Pflege des 14 Jahre älteren Ehemannes, die Rebecca gerne und liebevoll übernahm, füllte nun das Leben aus.

Im Dezember 1814 nahm das Ehepaar Claudius das Angebot der Tochter Caroline an, zu deren Familie nach

Hamburg zu ziehen. So konnte sich Rebecca die Pflege ihres Ehemannes mit der Tochter teilen. Am 21. Januar 1815 starb Matthias Claudius. Rebecca lebte noch 17 weitere Jahre.

Die Enkelin Agnes Pethes beschrieb ihre Erinnerung an die Großeltern so:

Ich sehe sie noch im Geiste, die schöne Frau, in einem weißen Morgenkleide, was aus Rock und Jacke bestand, wenn sie sich die Mütze aufsetzte. Großpapa stand hinter ihr, die Hose auf den Hüften hängend, Hosenträger hatte er nicht und umarmte seine Bäbelmus. Es war ein Brautpaar in junger Liebe nach 40 Jahren.

Gedanken und Gesprächsimpulse

Die Lebensumstände des Ehepaares Claudius waren nicht immer einfach. Zwei ihrer Kinder mussten sie in jungen Jahren beerdigen. Oft war es schwierig, die große Familie zu ernähren, da lange Zeit ein regelmäßiges Einkommen fehlte. Schwierig gestaltete sich auch die schriftstellerische Karriere von Matthias Claudius, da seine Werke häufig nicht die erhoffte Anerkennung fanden. Oft standen seine Ansichten nicht im Einklang mit der gängigen Meinung seiner Zeitgenossen.

Doch zeigen Rebecca und Matthias Claudius, dass gegenseitige Liebe, Achtung und Anerkennung nicht von äußeren Gegebenheiten abhängig sind. Weder der Alltag noch schwierige Situationen taten ihrer Liebe Abbruch. Auch die Routine, welche sich in der langjährigen Ehe zwangsläufig bemerkbar machen musste, schmälerte nicht die gegenseitige Zuneigung. Das Ehepaar zeigt auf beeindruckende Weise, wie es möglich ist, in den verschiedenen Lebensphasen eine glückliche Ehe zu gestalten. Sie nahmen ihre Lebensumstände aus Gottes Hand an und erkannten das Schöne und Gute, das ihnen Gott in ihrem Leben und in ihrer Ehe geschenkt hatte. Dazu gehörte auch ihre gegenseitige Liebe, die für sie nicht selbstverständlich war. Das erfüllte sie mit Dankbarkeit, die sie immer wieder in Worten und Gesten zum Ausdruck brachten.

Ihr Leitspruch war stets der folgende Vers von Matthias Claudius: „Ich danke Gott und freue mich, wie's Kind zur Weihnachtsgabe, dass ich bin, bin! Und dass ich dich schön menschlich Antlitz habe."

Bei dieser Lebenseinstellung hat der neidvolle Blick auf das Leben anderer Menschen keinen Platz. Die Achtung gegenüber dem Partner und die Akzeptanz der äußeren Lebensumstände ist eine bewusste Willensentscheidung, die zu einer positiven und fröhlichen Lebenseinstellung verhilft. Rebecca und Matthias Claudius lebten dies beispielhaft vor.

Was hat Gott an Schönem und Gutem in mein Leben gelegt?

Bin ich dankbar dafür?

Wenn ich an meine Ehe denke, wofür bin ich dankbar?

Woran erkennt mein Partner diese Dankbarkeit?

Gebet

Herr, ich danke dir, dass du uns zusammengeführt hast.
Unsere Ehe ist ein Geschenk von dir.
Lass uns das nie vergessen, auch wenn wir es manchmal
nicht leicht miteinander haben.
Hilf uns, einander anzunehmen,
so wie du uns angenommen hast.
Lass die Liebe zwischen uns wachsen.
Lass auch unsere Liebe zu dir wachsen.
Bis einst unser Leben vollendet sein wird in dir,
unser Gott.
Amen

Qellen:

Claudius, Matthias. *Sämtliche Werke*. 6. Aufl. München: Winkler, 1987.

Claudius, Matthias. *Wie sollt ich Gott nicht loben*. Wuppertal: Brockhaus, 1980.

Berglar, Peter. *Matthias Claudius: In Selbstzeugnissen und Bilddokumenten*. Reinbek bei Hamburg: Rowohlt, 1972.

Claudius, Hermann. *Die Dichter der Deutschen: Matthias Claudius*. Stuttgart: Cotta, 1938.

Fleischhack, Marianne. *Sein Bauernmädchen: Ein Lebensbild der Ehegefährtin von Matthias Claudius*. Konstanz: Christliche Verlagsanstalt Konstanz, 1968.

Kleßmann, Eckart. *Der Dinge wunderbarer Lauf: Die Lebensgeschichte des Matthias Claudius*. Weinheim: Beltz und Gelberg, 1995.

Rowland, Herbert. *Matthias Claudius*. München: Beck, 1991.

Catherine Marshall und Leonard E. LeSourd

Als Catherine Marshall und Leonard LeSourd sich kennenlernten, waren beide Menschen, deren Lebenswege nicht immer geradlinig verlaufen waren. Hinter beiden lag bereits eine Ehe. Schwere und belastende Erlebnisse, die einen großen Einfluss auf ihr Leben und ihren Glauben hatten, waren prägende Meilensteine in ihrer Biografie.

Catherine war eine bekannte christliche Autorin. Ein wichtiger Bereich ihres Lebens war ihr Glauben an Gott, den sie auch in schweren Zeiten nicht verloren hatte und der sich für sie als tragfähige Grundlage erwiesen hatte.

Als Sarah Catherine Wood wurde sie 1914 in Johnson

City, USA, geboren. Ihr Vater war Pastor und die Eltern machten ihre Kinder schon früh mit dem christlichen Glauben vertraut. Nach der Highschool studierte Catherine ab 1932 am Agnes Scott College in Decatur, Georgia, Geschichte. Sie wollte Schriftstellerin werden. In Decatur lernte die junge Studentin den Pfarrer Peter Marshall kennen und lieben. Das Paar heiratete 1936 und zog nach Washington, wo Peter zunächst Pfarrer und später Kaplan beim US-Senat wurde. Als im Januar 1940 ihr Sohn Peter John geboren wurde, schien das Glück der kleinen Familie perfekt zu sein. Catherine Marshall fühlte sich ausgefüllt in ihrem Dienst als Pfarrfrau und Mutter.

Eine schwere Krankheit veränderte jedoch ihr Leben. 1943 diagnostizierten die Ärzte bei ihr Tuberkulose, eine lebensbedrohliche Krankheit. Die einzige Behandlungsmethode, die ihr die Ärzte anbieten konnten, war strikte Bettruhe. Zwei Jahre lang musste sie das Bett hüten, während ihr Mann und ihr Sohn versuchten, ihr Leben trotz dieser schwierigen Situation weiterzuleben. Catherine fühlte sich vom Leben abgeschnitten und eine tiefe Depression überfiel sie. In dieser schweren Zeit lernte sie ganz allmählich, dass ihr nichts anderes übrig blieb, als Trost bei Gott zu suchen und sich im Gebet an ihn zu wenden. Dabei wurde ihr Psalm 23 zu einer großen Hilfe. Sie schrieb später:

Die Isolation unseres Schlafzimmers wurde zu einer Trainingszeit. Tag für Tag wurde Gott für mich zum Lehrer und ich zur Schülerin. Ich werde ihn jeden Tag brauchen, mein ganzes Leben lang, bis in Ewigkeit.

Dankbar konnte sie nach zwei Jahren Bettruhe endlich wieder in ihr altes Leben zurückkehren. Vier Jahre später, 1949, überschattete neues Leid das Leben der Familie Marshall. Catherines Ehemann Peter starb an einem Herzinfarkt. Die Lektion, die sie während ihrer langen Krankheitszeit mühsam gelernt hatte, wurde für sie zu einem Rettungsanker. In ihrer Verzweiflung sah sie keinen anderen Weg, als Trost bei Gott zu suchen. Catherine musste nun lernen, mit dieser neuen Situation umzugehen – nicht nur mit dem großen Schmerz, den geliebten Ehemann plötzlich verloren zu haben, sondern auch mit der Tatsache, nun das Leben mit ihrem Sohn allein bewältigen zu müssen.

Doch schon bald tat sich ein neuer Weg auf: Ein Verlag bat die junge Witwe, die Predigten ihres Mannes zu veröffentlichen. Mit der Bearbeitung dieser Texte fand sie eine neue Aufgabe. Sie veröffentlichte eine Auswahl von 25 Texten von Peter und fügte eine kurze Biografie hinzu. Die 1951 unter dem Titel „Ein Mann namens Peter" veröffentlichte ausführliche Biografie über ihren verstorbenen Ehemann wurde zu einem Bestseller. Weitere Bücher folgten und bald erhielt sie auch Einladungen zu Vorträgen und Interviews.

Mit 44 Jahren war Catherine nicht nur eine gern gehörte Rednerin auf den unterschiedlichsten Veranstaltungen, sondern auch eine bekannte Buchautorin, deren Werke es bis auf die Bestsellerlisten der „New York Times" schafften. Ihr Sohn lebte als Student die meiste Zeit des Jahres in Yale und war auf dem besten Wege, selbstständig zu werden. Um sich selbst einen Lebenstraum zu erfüllen, begann Catherine ein Haus in Washington zu planen und zu bauen. Darin sollte genügend Platz sein, um in Ruhe ihrer schriftstellerischen Tätigkeit nachgehen zu können. Es sollte ihr Traumhaus werden.

Leonard LeSourds Lebenssituation war völlig anders. Er war vier Jahre jünger als Catherine. Als Sohn eines Pfarrers war er bereits in seiner Kindheit mit dem christlichen Glauben in Berührung gekommen.

1948 hatte Leonard in einer Kirche Eve, ein Fotomodell, kennengelernt. Nach kurzer Zeit wurde aus der Freundschaft Liebe und sie heirateten. Das Ehepaar bekam drei Kinder: Linda, Chester und Jeffrey. Bald stellte sich jedoch heraus, dass Eve Probleme mit Alkohol hatte, die sie nicht mehr kontrollieren konnte. In der Öffentlichkeit versuchte die Familie LeSourd, wie eine ganz normale, fröhliche, christliche Familie zu erscheinen, aber zu Hause verlief das Leben alles andere als normal. Schließlich kam die Mutter in eine Klinik. Die Behandlung dort hatte jedoch keinen Erfolg und so suchte sie in der nächsten Klinik Hilfe. Als feststand, dass es keine Aussicht auf Heilung mehr gab, wurde sie in ein Pflegeheim eingeliefert. Das Ehepaar entschied sich für die Scheidung. Da die Mutter nicht in der Lage war, für ihre Kinder zu sorgen, wuchsen diese beim Vater auf.

Lange Zeit litt Leonard LeSourd unter dem Scheitern seiner Ehe und unter der Trennung. Er machte sich Vorwürfe, da er überzeugt war, dass er für die Krankheit seiner Frau mitverantwortlich war. Er war der Herausgeber einer christlichen Zeitschrift und in diese Arbeit hatte er viel Zeit und Energie investiert. Im Nachhinein erkannte er nun, dass er durch das große Engagement für seine Arbeit häufig die Hilferufe seiner Frau überhört hatte. Der Gedanke, dass er durch sein Verhalten den Krankheitsverlauf beschleunigt haben könnte, belastete ihn lange Zeit schwer, bis er schließlich für sich selbst Gottes Vergebung in Anspruch nehmen konnte.

Als alleinerziehender Vater war Leonard LeSourd in erster Linie damit beschäftigt, seine drei kleinen Kinder im Alter von drei, sechs und zehn Jahren zu erziehen und das Leben seiner Familie zu gestalten und zu prägen.

Neben seiner Arbeit als liebevoller, engagierter Vater war er immer noch der Herausgeber der christlichen Zeitschrift „Guidepost", die sich unter seiner Leitung zu einem Magazin entwickelt hatte, dessen Auflage die Millionenmarke bereits überschritt. Diese beiden unterschiedlichen Lebensbereiche brachten den Vierzigjährigen immer wieder an die Grenzen seiner Kräfte.

Tief in ihrem Herzen hatten Catherine Marshall und Leonard LeSourd beide den gleichen Wunsch – den Wunsch nach einem Ehepartner. Die verschiedensten Erfahrungen der vergangenen Jahre hatten beide verunsichert. Immer wieder hatten sie Verabredungen mit Bekannten und waren auch ab und zu Beziehungen eingegangen, die jedoch stets unbefriedigend verlaufen waren. So hatten sich beide dazu entschlossen, Gott von nun an die Führung und Entscheidung über eine neue Partnerschaft zu überlassen.

Als sich Catherine Marshall und Leonard LeSourd 1959 zum ersten Mal zu einem Essen verabredeten, ging es zunächst um eine rein geschäftliche Angelegenheit: Der Verleger wollte mit der Schriftstellerin einen Artikel für seine Zeitschrift besprechen. Sie trafen sich zu einem gemeinsamen Mittagessen und es kam zu einem interessanten Gespräch. Nachdem die geschäftliche Angelegenheit zu beider Zufriedenheit geklärt worden war, trennten sich ihre Wege wieder.

Einige Monate später jedoch schrieb Leonard einen Brief an Catherine, der nichts Geschäftliches mehr an sich hatte:

Ich würde dich gerne kennenlernen. Wie gefällt dir der Gedanke? Wir suchen uns einen Tag aus und dann schreibst du auf deinen Kalender die fünf Buchstaben SPASS. Ich hole dich morgens in meinem Auto ab und wir verziehen uns an die Küste oder in die Berge oder sonst wohin.

Aus diesem Vorschlag wurde ein wunderbarer Tag mit einem schönen Spaziergang, einem Picknick und vor allem einem interessanten, offenen Gespräch. Doch Catherine war argwöhnisch: Leonard suchte offensichtlich eine Partnerin, die ihn in seiner schwierigen familiären Situation unterstützte. Sich selbst konnte sie sich in dieser Rolle überhaupt nicht vorstellen.

So schnell gab Leonard jedoch nicht auf. Er lud Catherine ein, seine Familie in Carmel, New York, zu besuchen und seine drei Kinder kennenzulernen. Catherine war verunsichert, doch schließlich rang sie sich dazu durch, die Einladung anzunehmen. Das Wochenende mit den beiden kleinen Jungs, Tochter Linda war im Ferienlager, war eine interessante Erfahrung für Catherine, die schon seit Jahren das Alleinsein gewohnt war. Leonard war sehr ehrlich. Er erzählte, dass er sich vor einigen Monaten sehr elend gefühlt habe. Er habe zu Gott geschrien, dass er sein Leben nicht mehr alleine meistern könne. Unmittelbar nach diesem Hilfeschrei sei ihm Catherines Name eingefallen. Das hatte er als einen Wink Gottes verstanden und sich schließlich mit ihr in Verbindung gesetzt.

Catherine war irritiert und ahnte, dass Leonard ihr bald einen Heiratsantrag machen würde. Sie war unsicher, wie sie sich entscheiden sollte: Sollte sie ihr restliches Leben ganz der Schriftstellerei widmen oder beinhaltete Gottes Plan für ihr Leben eine zweite Heirat? Sollte sie weiter in Washington wohnen oder zu Leonard nach New York ziehen? Sollte sie ihr unvollendetes Traumhaus verkaufen, alle Freunde und die Familie verlassen und mit Leonard einen Neuanfang wagen? Gott hatte ihre Gebete so ganz anders beantwortet, als sie es erwartet hatte. Fragend wandte sie sich an Gott:

Herr, tust du nicht zu viel des Guten? Erst kürzlich sagte ich dir, ich sei bereit, mich wieder dem reißenden Strom des Lebens anzuvertrauen, aber muss es gleich so viel Leben sein?

Plötzlich sah sie die Wahl, vor die sie gestellt war, deutlich vor sich: Ja zu sagen würde Engagement bedeuten. Nein bedeutete eine Abwendung von den Herausforderungen des Lebens. Catherine entschied sich für ein Ja.

So fand am 14. November 1959 die Hochzeit statt. Danach sahen sich Leonard und Catherine der großen Aufgabe gegenübergestellt, ihr neues Leben zu gestalten und ihre beiden völlig verschiedenen Familien zu einer Einheit zu formen. Zunächst suchten und fanden sie ein gemeinsames Haus in Chappaqua, New York. Dann begannen sie, ihren Besitz zu sortieren, Neues zu kaufen und das neue Heim einzurichten und zu gestalten. Das erste gemeinsame Familiendinner beschrieb Catherine so:

Ich hatte liebevoll eine Mahlzeit vorbereitet, die den Kindern meiner Meinung nach schmecken würde – Hackbraten, Prinzesskartoffeln, Brokkoli, einen grünen Salat. Leonards Gesicht strahlte vor Glück, als er das Essen sah. Aber als Chester mit seinen großen braunen Augen das Essen auf seinem Teller betrachtete, schnitt er ein Gesicht, sprang plötzlich vom Stuhl auf und floh die Treppe hinauf. Oben schlug er die Schlafzimmertür krachend hinter sich zu.

„Lass ihn gehen, Catherine", sagte Leonard. Dann, als er mein niedergeschmettertes Gesicht sah, erklärte er zerknirscht: „Meine Kinder sind nicht an vielseitiges Essen gewöhnt. Meistens habe ich sie mit Hamburgern, Hotdogs und Brathähnchen aus dem Drive-in ernährt."

Leonard ging hinauf und versuchte Chester zu überreden, er möchte an den Tisch zurückkehren. Er fand den kleinen Jungen im Bett, die Laken über dem Kopf. Als er sich unter Tränen weigerte, wieder hinunterzukommen, befahl mein neuer Ehemann ihm streng, zu Bett zu gehen ... Die Freude am Essen war uns allen verdorben.

Und der katastrophale Abend war noch nicht vorbei. Lindas Widerstand gegen ihre neue Stiefmutter machte sich an diesem ersten Abend bemerkbar, als sie sich weigerte, in Pantoffeln auf den kalten Hartholzböden zu gehen; sie sagte, sie sei im Haus immer barfuß gegangen. Die beiden Jungen hatten darum gebeten, ein gemeinsames Zimmer zu bekommen, aber sie begannen sich augenblicklich zu balgen wie Bärenjungen. Als das Gerangel weiterging, nachdem das Licht gelöscht war, quartierte Leonard Jeffrey in ein anderes Zimmer aus. Der kleine Bursche schluchzte sich in den Schlaf ...

Später in dieser Nacht, nachdem Leonard und ich erschöpft

in den Schlaf gesunken waren, weckte uns das schrille Klingeln des Telefons: „Mama, ich bin wegen Geschwindigkeitsüberschreitung auf dem Merrit Parkway festgenommen worden. Ich bin auf der Polizeiwache.“ Wir erklärten uns bereit, Peter die Kaution zu schicken.

Der Start in ein neues Lebens als frisch vermähltes Ehepaar war nicht einfach. Auch der Alltag in der Patchworkfamilie brachte immer wieder Spannungen mit sich. Peter war die meiste Zeit in Yale. Linda war begeistert von ihrem neuen Zimmer. Die beiden kleinen Jungs fanden sehr schnell neue Freunde in der Nachbarschaft. Aber es blieb nicht alles so harmonisch. Die Streitereien und Kämpfe zwischen Chester und seinem kleinen Bruder Jeffrey waren für Catherine manchmal unerträglich. Leonard war gelassener und fand das Verhalten seiner Kinder nicht ungewöhnlich, was für seine Ehefrau die Situation nicht leichter machte. Hinzu kam, dass die Tochter Linda Angst hatte, die Stiefmutter könnte ihr den Vater wegnehmen. So war ihr Verhalten gegenüber Catherine häufig sehr provozierend. Zudem hatte sie Probleme in der Schule und später auf dem College.

Oft stieß Catherine in ihrer neuen Rolle als Hausfrau und Mutter an ihre Grenzen. Verzweifelt fragte sie: „Herr, was soll das alles bedeuten? Was hast du dir eigentlich dabei gedacht, als du die Menschen in Familien zusammengepackt hast?“

Dabei fiel ihr ein, dass auch Jesus während seines irdischen Lebens in einer Familie gelebt hatte und dass er bestimmt vollstes Verständnis für ihre schwierige Lage hatte. Dies tröstete sie ein wenig.

Allmählich fand sie für sich Möglichkeiten und Wege,

mit der Situation besser zurechtzukommen. So war es ihr eine große Hilfe, morgens, bevor die Familie aufwachte, aufzustehen und Gott um Rat und Hilfe für den Tag zu bitten. Mit der Zeit begann sich ihr Ehemann über ihr frühes Aufstehen zu wundern. Nachdem sie ihm den Grund dafür erklärt hatte, wählte Leonard für sich selbst auch die Möglichkeit des morgendlichen Gebetes, da ihn die familiären Probleme in gleicher Weise belasteten wie Catherine. Sie entschlossen sich, jeden Abend die Kaffeemaschine im Schlafzimmer vorzubereiten und einen Timer zu stellen. Jeden Morgen begannen sie von nun an den Tag mit einer gemeinsamen Tasse Kaffee, mit gemeinsamem Bibellesen und einem Gebet.

Dieses Ritual veränderte ihr Eheleben grundlegend. Im Lauf der Zeit begannen sie, ihre Gebetsanliegen, Fragen und Probleme in einem Notizbuch schriftlich festzuhalten. Sie machten die Erfahrung, dass sich ihr Umgang mit ihren Alltagsproblemen änderte, nachdem sie ihre Fragen und Probleme vor Gott gebracht hatten, obwohl Gottes Antworten auf ihre Gebete oft anders aussahen, als sie es sich erhofft hatten. Es erwies sich für sie als hilfreich, eine Art „Logbuch“ anzulegen, in dem sie ihre Gebetsanliegen mit einem Datum versahen und auch die Antworten notierten, die sie auf ihre Gebete erhielten. Aus diesen Erfahrungen entstand ein „Persönliches Gebetsbuch“, das sie 1978 gemeinsam veröffentlichten.

Der gemeinsame Tagesbeginn half ihnen auch, ganz praktische Familienregeln zu besprechen und festzulegen. Diese sahen beispielsweise so aus:

1. Mahlzeiten werden, wenn möglich, gemeinsam als Familie eingenommen.
2. Die Kinder gehen regelmäßig zur selben Zeit schlafen, am Wochenende etwas später.
3. Während der Schulwoche gibt es abends kein Fernsehen für die Kinder.
4. Lindas endlose Telefongespräche mit Freundinnen werden auf den späten Nachmittag beschränkt. Keine Verabredung mit Jungen, ehe sie 16 ist.
5. Am Wochenende wird Zeit für Familienausflüge oder gemeinsame Spiele reserviert.
6. Am Sonntag gehen wir als Familie zur Kirche.

So bekam das Familienleben der Familie LeSourd allmählich Struktur. Nachdem eine Haushaltshilfe gefunden worden war, konnte Catherine auch wieder ihrer schriftstellerischen Arbeit nachgehen und weiter an dem Roman arbeiten, den sie bereits vor ihrer Hochzeit begonnen hatte. Es handelte sich um den Roman „Christy", den sie in Anlehnung an die Erlebnisse ihrer Mutter verfasste und der ein Bestseller wurde. Durch seine konstruktive Kritik hatte Leonard maßgeblich zum Erfolg des Werkes beigetragen.

Zudem unterstützte Catherine ihren Ehemann bei der Arbeit in seinem Verlag und verfasste Artikel für seine Zeitschrift. So waren die ersten fünf Ehejahre eine kreative und erfüllte Zeit.

1964 machte sich jedoch Catherines Lungenkrankheit wieder bemerkbar. Zwanzig Jahre nach der Heilung von ihrer Tuberkulose zeichnete sich ein Rückfall ab. Die Ärzte empfahlen dringend, die Kranke solle in ein wärmeres Klima, am besten nach Florida, ziehen. So entschloss sich das

Ehepaar LeSourd, seinen Wohnsitz nach Florida zu verlegen. Da Leonard aber weiterhin das Magazin in New York zu betreuen hatte, musste er jede zweite Woche in New York verbringen. Im Lauf der Jahre zeigte sich, dass diese Lösung sich sehr belastend auf die Beziehung zwischen Catherine und Leonard auswirkte. Es kam immer wieder zu Spannungen zwischen Catherine, Leonard und den Kindern.

Doch dies waren nicht die einzigen Schwierigkeiten, mit denen die Familie zu kämpfen hatte: Catherines Roman „Gloria", an dem sie drei Jahre lang geschrieben hatte, wurde nicht gedruckt.

Am schwersten aber war das Leid zu ertragen, das ihren Sohn Peter ereilt hatte. Peter und seine Frau Edith hatten ihr erstes Kind kurz nach der Geburt verloren. Ihr zweites Kind war ein gesundes Mädchen, an dem alle ihre Freude hatten. Im November 1971 wurde das dritte Kind geboren. Es wurde nach ihrer Großmutter, Amy Catherine, nannt. Leider kam es mit Schädigungen des Gehirns, der Leber und der Nieren zur Welt. Die Ärzte rechneten damit, dass es höchstens sechs Wochen alt werden würde.

Nach der Geburt von Amy Catherine trafen sich Freunde und die Familie LeSourd, um eine Gebetswoche für das kranke Baby abzuhalten. Es war eine gesegnete Woche, in der die Gruppe sich intensiv mit Gott verbunden fühlte und in der Gottes Nähe für alle spürbar war.

Catherine rief Linda, ihre Stieftochter, an und berichtete ihr von der Geburt der kranken Amy Catherine und von der Gebetsgruppe. Linda erklärte sich sofort bereit, zu ihrer Familie zu reisen und sich der Gruppe und dem Gebetstreffen anzuschließen. Es kam zu einer Aussprache zwischen

Linda und ihrer Stiefmutter, deren Verhältnis bisher sehr gespannt und schwierig war. Dieses klärende Gespräch, bei dem viele Verletzungen zur Sprache kamen und bei dem sich beide gegenseitig vergeben konnten, gab Lindas Leben eine ganz neue Richtung.

Bei einem der Gebetstreffen berichtete Catherine, Gott habe ihr gezeigt, dass Amy Catherine geheilt würde. Das Baby starb jedoch im Alter von sechs Wochen, wie es die Ärzte befürchtet hatten. Catherine brach völlig zusammen und war am Boden zerstört. Sie fühlte sich von Gott betrogen und konnte nicht verstehen, warum dieses kleine Kind sterben musste.

Sie fiel in eine schwere Depression. Später bezeichnete sie diese Monate der Trauer und Melancholie als die schlimmste Zeit ihres Lebens. Monatelang versuchten Leonard und ihre Freunde immer wieder vergeblich, durch die dunkle Wand zu dringen, die Catherine umgab. Alle Worte schienen an ihr abzuprallen.

Endlich, im Frühjahr 1972, hatte Leonard den Eindruck, im Laufe eines Gesprächs einen Lichtschimmer zu entdecken. Langsam, ganz langsam bahnte sich eine Veränderung an. Ein Vers aus dem Thessalonicherbrief sprach Catherine besonders an: „Seid dankbar in allen Dingen; denn das ist der Wille Gottes in Christus Jesus an euch."

Immer wieder setzte sie sich mit diesem Bibelvers und ihren Erfahrungen und Gedanken der vergangenen Monate auseinander. Konnte sie Gott trotz aller tragischen Geschehnisse preisen? Würde sie Gott nicht nur Vorwürfe machen und so seine Allwissenheit infrage stellen?

Gott antwortete ihr auf diese verzweifelten Fragen mit der Aufforderung, dass sie ihre Augen auf ihn richten solle.

So würde er sie ganz erfüllen und sie könnte ihr Leben wieder zu seinem Lobpreis führen.

Tatsächlich schien sich in Catherines Leben ganz allmählich etwas zu verändern. Leonard berichtete über den Weg seiner Frau aus ihrer schweren Depression, die nach diesem Lichtschimmer ein diszipliniertes Morgenprogramm begann. Sie stand um sechs Uhr auf, las die Bibel und betete, wobei sie einen besonderen Schwerpunkt auf Lob und Dank legte. Es dauerte Monate, bis Catherine ihre Tätigkeit als Schriftstellerin wieder aufnehmen konnte. Als sie es tat, folgten zehn ihrer produktivsten Jahre. Sie waren geprägt von den Erfahrungen, die sie in den dunklen Monaten ihrer Depression gemacht hatte.

Zusammen mit ihren Freunden Elizabeth und John Sherill, die sie bereits von der gemeinsamen Arbeit an dem Magazin „Guidepost“ kannten, gründeten Catherine und Leonard den Verlag „Chosen Books“. In diesem christlichen Verlag wurden neben Büchern von Catherine Marshall unter anderem auch Werke von Corrie ten Boom veröffentlicht.

1982 musste Leonard entsetzt miterleben, wie Catherine durch ihre Lungenkrankheit weiter geschwächt wurde. Die wachsende Atemnot beeinträchtigte sie immer mehr. Leonard versuchte sie jeden Tag aufs Neue dazu zu ermutigen, ihrer Arbeit trotz der Krankheit nachzugehen. Sie arbeitete an einem Buch über das Leben ihrer Großmutter Julie. Gemeinsam kämpften Leonard und Catherine gegen die körperliche Schwäche und die Mutlosigkeit an, die Catherine immer wieder überfallen wollte. Jeden Abend legte das Ehepaar all seine Ängste und Sorgen im Gebet vor Gott. Dies war eine bewegende Zeit für die ganze Familie. Die folgende Beschreibung Leonards von einem Gespräch mit seiner Frau macht das deutlich.

Eines Morgens ... gestand Catherine mir, dass sie sich vor dem Tod fürchtete.

„Aber Catherine, alles, was du über dieses Thema geschrieben hast ...“

„Ich spreche nicht von Unsterblichkeit“, unterbrach sie mich, „ich glaube jedes Wort, das Jesus über die Auferstehung und das Leben nach dem Tode gesagt hat.“

„Nun, der Tod ist einfach die Tür zu alledem.“

„Das weiß ich auch“, sagte sie. Ungeduld schwang in ihrer Stimme mit. „Aber das ist alles in meinem Kopf, nicht in meinen Gefühlen. Irgendwann in meiner Kindheit hat das Gefühl in mir Wurzeln geschlagen, dass der Tod der Feind ist, den es zu hassen gilt und der auf jedem Schritt des Weges bekämpft werden muss.“

„Catherine, warum hast du das vor mir verborgen gehalten?“

„Ich denke, ich habe mich geschämt, es zuzugeben.“

Gemeinsam betete das Ehepaar und brachte Catherines Furcht vor Gott. Sie erinnerten sich an Jesu Versprechen im Johannesevangelium (14,2-3): „In meines Vaters Hause sind viele Wohnungen. Wenn's nicht so wäre, hätte ich dann zu euch gesagt: Ich gehe hin, euch die Stätte zu bereiten? Und wenn ich hingehe, euch die Stätte zu bereiten, will ich wiederkommen und euch zu mir nehmen, damit ihr seid, wo ich bin.“

Immer wenn Catherine Angst überfiel, wandte sie sich Hilfe suchend an Jesus. Sie wusste, dass nur er ihr helfen konnte. Allmählich verlor sie ihre Angst vor dem Tod. Die Krankheit beeinträchtigte sie jedoch immer mehr. Es zeichnete sich ab, dass ihre Zeit auf dieser Erde bald zu Ende gehen würde. Am 24. Febuar 1983 schrieb sie in ihr Tagebuch:

Bin wieder zutiefst deprimiert. Ich bekomme kaum noch Luft – ich ringe buchstäblich um jeden Atemzug –, wenn ich nur von einem Zimmer ins andere gehe. Mein Arzt konnte für die Schwierigkeiten, die ich gestern hatte, keinen offenkundigen Grund finden. Heute traf es mich wie ein Schlag: Wieder einmal wissen die Ärzte weder was mir fehlt, noch wie sie mir helfen sollen. Also ... stütze ich mich ganz auf Jesu Hilfe.

12. März: Die Blutuntersuchung gestern zeigte, dass der Kohlenmonoxidgehalt in meinem Blut zu hoch ist, aber nicht gefährlich; ich habe jedoch nicht genug Sauerstoff im Blut. Ein weiteres Problem scheint die Blutarmut zu sein.

Heute Morgen sagte Jesus wiederum zu mir: „Wende den Blick von dir selbst ab und blicke mich beständig an. Ich liebe dich. Ich weiß, wie ich dich wieder gesund machen kann."

Am 18. März 1983 hörte Catherines Herz auf zu schlagen. Ihr Roman „Entdecke deinen Weg, Julie" wurde 1984 herausgegeben und 1987 ins Deutsche übersetzt. An ihm hatte sie in ihren letzten Lebensjahren gearbeitet.

Ihr Mann Leonard veröffentlichte zehn Jahre nach Catherines Tod eine Biografie seiner Frau, die den Titel „Catherine Marshall: Ausschnitte aus meinem Leben" trug. In seinem Vorwort schreibt er:

Als ich all dieses Material zusammenstellte, lebten viele Erinnerungen aus unserer dreiundzwanzigjährigen Ehe wieder auf, wobei mir die schmerzlichen Augenblicke, die Tiefen in mancher Hinsicht wertvoller waren als die Spitzenerlebnisse. Gewiss bereitete uns die Geburt von mehr als einem Dutzend Bücher, die alle durchschlagende Wirkung hatten, große Freude, ebenso wie der außergewöhnliche Erfolg von „Guidepost" und die Entwicklung eines sinnerfüllten Familienlebens, als zwei Teilfamilien zueinanderfanden.

Dennoch sind die Augenblicke der Bedrückung wichtiger, denn in Zeiten von Niederlagen und Kummer war Gott uns näher und wirklicher. Gott sei gedankt für diese Zeiten! Ohne sie wäre der Erfolg ohne Würze gewesen, die Beziehungen Alltagstrott; Dankbarkeit und Freude hätten wir niemals so tief empfunden.

Gedanken und Gesprächsimpulse

Das Leben der Familie LeSourd war geprägt von intensiven Gebeten, in denen sie sich mit Schwierigkeiten und Problemen, die ihnen unlösbar erschienen, Hilfe suchend an Gott wandten. Die Not, die sie in ihrem Leben immer wieder erfuhren, lehrte sie, ihren Blick von sich selbst abzuwenden und auf Gott zu schauen. Die Erfahrungen, die sie dabei machten, vertieften ihren Glauben und brachten sie immer näher zu Gott. So lernten sie mit der Zeit, Gutes und Schweres in gemeinsamen Gebeten vor Gott zu bringen und ihm für alles Schöne in ihrem Leben dankbar zu sein. Sie merkten schnell, dass sich ihr Umgang mit ihren Alltagsproblemen änderte, nachdem sie ihre Fragen und Probleme mit Gott besprochen hatten, obwohl die Antworten auf ihre Gebete oft anders ausfielen, als sie sich das erhofft hatten. Sie lernten auch, dass Gottes Zeitplan nicht immer dem ihrigen entsprach. Häufig brauchten sie Geduld, da Gottes Antworten länger brauchten, als sie es sich gewünscht hatten.

Die Erfahrungen, die sie im Laufe ihres Lebens mit ihren Gebeten machten, halfen ihnen auch in schwierigen Zeiten, in denen sie keinen anderen Ausweg aus ihrer Lage sahen, als sich Hilfe suchend an Gott zu wenden. Dabei lernten sie auch, wie wichtig es war, in ihren Gebeten dem Danken und Loben Raum zu geben. Sie merkten, dass Lob und Dank ihnen halfen, von ihren Problemen wegzusehen und auf Gott zu schauen, der sich immer als größer und stärker erweist.

So ist das Gebet ein Geschenk Gottes an uns Menschen.

Es hilft uns zu erkennen, dass unser Leben eine Perspektive hat, die über die irdischen Begrenzungen hinausgeht. Diese Erfahrungen prägten auch das Leben und die Ehe von Catherine Marshall und Leonard LeSourd.

Welche Erfahrungen haben wir in unserem Leben mit dem Gebet gemacht?

Welchen Stellenwert hat das Gebet in unserer Ehe?

Wäre es hilfreich für uns, wenn wir gemeinsam den Tag mit einem Gebet beginnen oder beenden?

Könnte uns ein „Gebetslogbuch", wie es das Ehepaar LeSourd führte, eine Hilfe sein?

Gebet

Herr, wir kommen zu dir und bitten dich:
Hilf uns, unser Leben als Paar nach deinem Willen zu gestalten.
Oft werden wir schuldig aneinander und an dir.
Vergib uns und hilf uns, einander zu vergeben.
Danke, dass du uns immer wieder die Chance eines Neuanfangs schenkst.
Danke, dass wir mit all unseren Nöten zu dir kommen dürfen, treuer Gott.
Amen

Quellen:

LeSourd, Leonard. *Starke Männer, schwache Männer: Wie man seine Identität als Mann findet.* Marburg an der Lahn: Larmann, 1992.

Marshall, Catherine. *Gott hat keine Enkel.* Konstanz: Bahn, 1967.

Marshall, Catherine. *Schritt für Schritt.* Konstanz: Bahn, 1989.

Marshall, Catherine. *Ausschnitte aus meinem Leben.* Hrsg. Leonard LeSourd. Neuhausen-Stuttgart: Hänssler, 1996.

Coretta Scott King und Martin Luther King

Ich habe einen Traum, dass meine vier kleinen Kinder eines Tages in einer Nation leben werden, in der sie nicht wegen der Farbe ihrer Haut, sondern nach dem Wesen ihres Charakters beurteilt werden … Dies ist unsere Hoffnung. Dies ist der Glaube, mit dem ich in den Süden zurückgehen werde. Mit diesem Glauben werden wir den Berg der Verzweiflung behauen, einen Stein der Hoffnung. Mit diesem Glauben werden wir gemeinsam arbeiten können, gemeinsam beten können, gemeinsam kämpfen können, gemeinsam in das Gefängnis gehen können, gemeinsam für die Freiheit aufstehen, mit dem Wissen, dass wir eines Tages frei sein werden.

In seiner eindrucksvollen Rede anlässlich des legendären Marsches auf Washington im August 1963 berichtet Martin Luther King von seinem Traum von der Gleichstellung von Afroamerikanern und Weißen. Diese Vision verband Coretta und Martin Luther King während ihres gesamten gemeinsamen Lebensweges.

Beide wurden bereits in ihrer Jugend aufgrund ihrer Hautfarbe immer wieder diskriminiert. Daher war es ihr großer Wunsch, dass die Feindseligkeiten gegen Afroamerikaner in den Vereinigten Staaten von Amerika einmal ein Ende haben mögen. Aber ihre konkreten Vorstellungen und Visionen von einer gleichberechtigten Gesellschaft mussten sich zunächst erst einmal entwickeln. 1952 war es M. L., wie Martin Luther von seiner Familie genannt wurde, noch nicht möglich, seinen Traum so klar und deutlich zu formulieren.

Die fünfundzwanzigjährige begabte Studentin Coretta Scott widmete sich leidenschaftlich ihrer musikalischen Ausbildung in Boston. Ihr Ziel war es, Sängerin zu werden, und sie war auf dem besten Wege dorthin. Am College in Yellow Springs, Ohio, hatte sie ein Musikstudium absolviert. Nun erhielt sie in Boston Gesangsunterricht an der dortigen Musikhochschule. Eine ihrer besten Freundinnen war Mary Powell. Die beiden jungen Frauen verband neben ihrer Hautfarbe und den Problemen, die sich daraus ergaben, ihr gemeinsames Interesse für Musik.

Zur gleichen Zeit arbeitete ein junger Pastor, Martin Luther King jr., in Boston an seiner Doktorarbeit. Eines Tages wandte sich der Dreiundzwanzigjährige an seine Bekannte Mary Powell, die er aus früheren Studientagen kannte, und bat sie um Rat. Ohne Umschweife erklärte er, dass er eine Freundin suche, und bat sie um Mithilfe. Daraufhin erzählte ihm Mary von Coretta Scott und beschrieb ihre Freundin als nette junge Frau, die intelligent, hübsch, aber leider nicht sehr religiös war und die nicht oft zur Kirche ging. Dies entsprach der Wahrheit. Als Coretta nach Boston zog, war sie auf der Suche nach einer neuen Glaubensform, von der sie völlig überzeugt sein konnte. Sie war in ihrem Glauben an einem Punkt angekommen, an dem sie manche Erfahrungen, die sie in ihrer Jugend gemacht hatte, infrage stellte. So erschien ihr die eigene Baptistengemeinde, in der sie aufgewachsen war, zu gefühlsbetont. Auch hatte sie Fragen wegen der Taufpraxis ihrer Heimatgemeinde. In Boston hatte sie noch keine Gemeinde gefunden, in der sie sich wohlfühlte. Deshalb hatte sie beschlossen, ihre Andacht daheim allein zu verrichten und zunächst einmal keinen Gottesdienst zu besuchen.

Als nun Mary Powell zu ihr kam, um ihr von M. L. King zu berichten, reagierte Coretta sehr zurückhaltend. Mit einem Baptistenpastor wollte sie keinen näheren Kontakt.

Eines Tages klingelte Corettas Telefon. In ihren Memoiren „Mein Leben mit Martin Luther King" beschreibt Coretta ihren ersten Kontakt mit ihrem späteren Ehemann folgendermaßen:

Als er mich anrief und sagte: „Hier spricht M. L. King jr.", entsann ich mich nicht, wer er war. Rasch sagte er: „Eine gemeinsame Freundin von uns hat mir von Ihnen erzählt und mir Ihre Telefonnummer gegeben. Sie hat wundervolle Dinge über Sie gesagt und ich würde Sie sehr gern kennenlernen und mich mit Ihnen unterhalten." Da dämmerte es mir und ich sagte: „Ja auch ich habe ein paar sehr nette Dinge über Sie gehört." Das war alles, was Martin brauchte, um drauflloszuplaudern. Nie in meinem ganzen Leben hatte ich jemanden so reden hören. Er sagte: „Sie wissen, jeder Napoleon hat sein Waterloo. Ich bin wie Napoleon. Ich bin bei meinem Waterloo angelangt und liege auf den Knien." Ich muss gestehen, es machte mir Spaß. Wir führten ein langes Gespräch, in dem er mich über meine Studien fragte und mir ein wenig über seine Arbeit bei Professor Edgar S. Brightman erzählte. Schließlich sagte er: „Ich würde Sie gern näher kennenlernen und mehr mit Ihnen reden. Vielleicht könnten wir uns morgen zum Lunch treffen."

Dies war der Beginn einer Beziehung, deren Einfluss weit über das Leben dieser beiden Persönlichkeiten hinausging. Coretta war beeindruckt vom Charme, von der Aufrichtigkeit und von der Selbstsicherheit von M. L. King, der in Coretta alles gefunden hatte, was er bei einer Frau suchte. Charakter, Intelligenz, Persönlichkeit und Schönheit. Bereits bei ihrem ersten Treffen sprach Martin vom Heiraten. Coretta war noch nicht so weit. Sie strebte eine Gesangskarriere an und befürchtete, ihr Ziel durch die Heirat mit einem Pastor aus den Augen zu verlieren.

Corettas Pläne schienen zunächst unvereinbar mit Martin Luther Kings Vorstellungen von der Rolle einer Frau. Einerseits hielt er Frauen für ebenso intelligent und fähig wie Männer und wollte, dass sie ebenso einflussreiche Positionen übernahmen wie das andere Geschlecht. Doch andererseits hatte er konkrete Pläne für seine eigene Ehefrau. Er stellte sie sich als Hausfrau und Mutter seiner Kinder vor. Da Martin Luther King Pastor einer großen afroamerikanischen Gemeinde im Süden der USA werden wollte, erwartete er, dass sich seine Ehefrau für die gleichen Ziele einsetzte, die auch er anstrebte.

Wegen der offensichtlichen Unvereinbarkeit der beiden Lebensentwürfe gab Coretta M. L. einige Wochen lang keine Antwort auf seinen Heiratsantrag. Allmählich wuchs in ihr jedoch auch die Sehnsucht, den Menschen zu dienen. Als Afroamerikanerin hatte sie schon oft Diskriminierung aufgrund ihrer Hautfarbe erfahren. Auch ihre Familie hatte deswegen schon viel Leid und Not ertragen müssen. Durch diese Erfahrungen war in ihr der Wunsch gewachsen, selbst für Gerechtigkeit und Gleichberechtigung einzutreten. Auf ihrer Suche nach dem richtigen Weg schrieb sie einmal:

Schließlich dachte ich: „Wenn ich es ernst meine mit dem Dienst an der Menschheit, wie könnte ich da besser dienen denn als Frau eines Geistlichen." Aber noch immer musste ich mich selbst überzeugen. Ich betete: „Herr, hilf mir, die richtige Entscheidung zu treffen." Es war die wichtigste Entscheidung meines Lebens und sie musste richtig sein. Etwa zwei, drei Monate überlegte ich gründlich und unter Gebeten.

Im Herbst 1952 rang sich Coretta schließlich zu einer Entscheidung durch und fand ein Ja zu ihrer Ehe mit Martin Luther King jr. Ihr wurde klar, dass sie M. L. wirklich liebte. Da sie aber auf jeden Fall ihr Musikstudium abschließen und einen akademischen Grad erhalten wollte, beschloss sie, ihren Abschluss als Musikpädagogin zu machen, um so die Möglichkeit zu haben, an ihrem jeweiligen Wohnort Musik zu unterrichten. Dies schien ihr ein akzeptabler Kompromiss zu sein. Sie sagte sich: „Wo immer Martin lebt, werde ich auch leben. Was immer er tut, ich werde daran teilhaben."

Am 18. Juni 1953 wurden Coretta Scott und Martin Luther King jr. von Daddy King, Martins Vater, im Garten von Corettas Elternhaus in der Stadt Marion getraut.

Als Ehepaar kehrten sie im September 1953 wieder nach Boston zurück. Coretta bereitete sich auf den Abschluss ihres Musikstudiums vor, unterrichtete bereits und gab immer wieder Liederabende. Martin arbeitete an seiner Doktorarbeit und predigte oft in Kirchen in Boston und der Umgebung. Die Hausarbeit teilten sich beide. So war das erste Ehejahr in Boston eine erfüllte Zeit.

1954 erhielt Martin Luther King jr. ein Angebot als Pfarrer einer Gemeinde in Montgomery. Coretta war wenig begeistert. Sie genoss die Möglichkeiten, die ihr ein Leben im aufgeschlosseneren Norden der USA bot. Martin jedoch sah seinen Platz im Süden. Dort, wo Afroamerikaner immer wieder massiv diskriminiert wurden, wollte er seinen Auftrag in der Unterstützung und Hilfe für seine Brüder und Schwestern wahrnehmen. Er sagt dazu: „Ich gehe in den Süden. Ich werde im Süden leben, denn dort werde ich gebraucht."

Im Januar wurde er zu einer Probepredigt eingeladen. Viel würde von dieser Predigt abhängen und entsprechend nervös fuhr er nach Montgomery. Schließlich kam ihm ein beruhigender Gedanke. Er wollte Gott die ganze Angelegenheit überlassen. So ermutigte er sich selbst: „Halte dich im Hintergrund, Martin Luther King, und stelle Gott in den Vordergrund, dann wird alles richtig werden. Denke daran, dass du nur ein Kanal der Wahrheit bist und nicht die Quelle." Die Gemeinde war begeistert von der Predigt.

Martins Entscheidung stand fest. Ihm gefielen die Kirche und die Gemeinde und er wollte dort gerne Pfarrer werden. Für Coretta war die Situation jedoch nicht so eindeutig. Viel lieber wäre sie noch einige Jahre im toleranteren Norden geblieben. Nach einer Besichtigung der Gemeinde entschied sie sich schließlich, ihrem Mann die Entscheidung zu überlassen und mit seinem Entschluss glücklich zu werden. Jahre später erkannte sie rückblickend, dass die Gemeinde in Montgomery genau der Platz gewesen war, an dem Gott sie haben wollte.

So zogen sie 1954 in Montgomery ins Pfarrhaus ein. Später erklärte Coretta, dass die ersten Jahre in Montgomery die glücklichste Zeit war, die sie je erlebt hatten. Als am 17. November 1955 ihre Tochter Yolanda Denise geboren wurde, schien das Glück der Familie perfekt.

Ein Vorfall am 1. Dezember 1955 brachte jedoch das beschauliche Leben der Pfarrfamilie King in großen Aufruhr: Die zweiundvierzigjährige afroamerikanische Näherin Rose Parks bestieg nach einem langen Arbeitstag müde den Bus, um nach Hause zu fahren. Die Vorschriften der Buslinie waren für afroamerikanische Passagiere äußerst entwürdigend. Die vorderen Plätze waren für Weiße reserviert, die hinteren für Schwarze. Selbst wenn das vordere Abteil nicht besetzt und im hinteren Abteil drängende Enge war, mussten schwarze Mitfahrer sich nach hinten begeben. Waren jedoch die vorderen Sitzplätze besetzt, mussten Afroamerikaner ihre Plätze an Weiße abtreten. Zudem mussten Afroamerikaner ihr Fahrgeld vorne im Bus bezahlen, den Bus verlassen und zur hinteren Tür wieder einsteigen. Allzu oft fuhr der Bus jedoch ohne sie ab, obwohl sie bereits bezahlt hatten.

Rosa Parks war an jenem Abend einfach zu müde, um all diese Regeln einzuhalten. Sie setzte sich erschöpft auf einen Sitz im hinteren Abteil und blieb dort auch sitzen, als alle Plätze vorne belegt waren. Schließlich alarmierte der Busfahrer die Polizei und Rosa Parks wurde festgenommen. Dieses Ereignis sollte später ungeahnte, weitreichende Folgen für das ganze Land haben.

Martin Luther King erfuhr am Morgen des 2. Dezember von Rosa Parks Verhaftung. Aus diesem Grund wurde für den Abend desselben Tages eine Versammlung einberufen. Der Aufruf erfuhr eine unerwartet große Resonanz unter den Afroamerikanern: Über 40 Personen aus allen Schichten besuchten die Versammlung. Ärzte, Rechtsanwälte, Regierungsangestellte, Gewerkschaftsführer und Geistliche kamen zur Kirche Martin Luther Kings, um gemeinsam zu überlegen, wie man gegen dieses Unrecht und die Unterdrückung der Afroamerikaner vorgehen konnte. Die Versammelten waren davon überzeugt, dass Religion sich auch mit dem Leben der Unterdrückten beschäftigen sollte. Jede Religion, die sich um die Seelen der Menschen, aber nicht um die Slums und ihre verelendende Wirkung, um die erstickenden wirtschaftlichen Verhältnisse und die lähmenden sozialen Bedingungen sorgte, sei trocken und unfruchtbar wie Staub.

Nach einer kurzen Andacht einigte man sich auf einen Busboykott ab Montag, den 5. Dezember. Auf Handzetteln wurden Afroamerikaner aufgefordert, nicht mehr mit den Bussen zu fahren. Dabei kam Unterstützung von unerwarteter Seite: Ein Dienstmädchen hatte einen Handzettel in der Küche ihrer Arbeitgeberin vergessen. Diese war hellauf entsetzt und informierte sofort die Presse über den geplanten Busboykott. Darauf erschien in der Morgenzeitung ein langer Artikel über das Vorhaben und nun war die gesamte afroamerikanische Bevölkerung umfassend informiert.

Der 5. Dezember wurde zu einem ereignisreichen Tag. Bereits um 5.30 Uhr waren die Kings auf den Beinen. Um sechs Uhr sollte der erste Bus an der Haltestelle direkt vor dem Pfarrhaus eintreffen. Dieser Bus war normalerweise absolut überfüllt und deshalb immer etwas spät. An diesem Morgen erschien der Bus pünktlich. Das Ehepaar King stand bereits am Fenster. Kein einziger Fahrgast saß in dem Bus. Auch der nächste Bus war leer. Der Busboykott war auf unerwartet große Resonanz gestoßen. Die Initiatoren konnten zufrieden sein. Auf den Gehwegen drängten sich Menschen, die sich zu Fuß zur Arbeit, zur Universität oder zur Schule aufmachten. Die Taxis waren überfüllt, viele schlossen sich zu Fahrgemeinschaften zusammen.

Die Afroamerikaner wollten mit dem Boykott die folgenden Forderungen durchsetzen:

1. Die Busunternehmen garantieren höfliche Behandlung.
2. Die Fahrgäste setzen sich in der Reihenfolge, in der sie kommen – die Afroamerikaner von hinten nach vorne, die Weißen von vorne nach hinten.
3. Auf den Linien, die vornehmlich von Afroamerikanern benutzt werden, werden keine weißen Fahrer eingesetzt.

Am Vormittag des 5. Dezembers wurde Rosa Parks wegen Zuwiderhandlung gegen die Segregationsgesetze zu einer

Geldstrafe in Höhe von 10 Dollar und zu der Übernahme der Gerichtskosten verurteilt. Es war das erste Mal, dass jemand ausdrücklich wegen eines Verstoßes gegen die Segregationsgesetze verurteilt wurde. Nach der Verhandlung trafen sich die Pastoren, um das weitere Vorgehen zu planen. Es wurde die Montgomery Improvement Association gegründet, die den Busboykott organisieren und die oben genannten Forderungen durchsetzen sollte. Martin Luther King jr. wurde zum Vorsitzenden der Organisation gewählt. Dadurch rückte die Familie in den Mittelpunkt des Interesses der Befürworter und auch der Gegner der Rassentrennung.

Zunächst war daher das Pfarrhaus das Büro der Organisation. Ständig klingelte das Telefon. Den ganzen Tag trafen sich Leute in der Wohnung der Familie King. Doch das Engagement der Familie King stieß auch auf Ablehnung. Häufig kamen beleidigende oder drohende Anrufe. Martin Luther King wurde wegen einer Bagatelle verhaftet und erst einen Tag später gegen Kaution wieder freigelassen. Es war eine ungeheuer belastende Situation. Im Januar 1956 wurde eine Bombe in das Haus der Kings geworfen. Glücklicherweise wurde bei dem Anschlag niemand verletzt.

Corettas Entscheidung, ihren Mann in seinem Kampf zu unterstützen, wurde wegen solcher Vorfälle immer wieder auf die Probe gestellt. Auch Martin litt unter dem Gedanken, dass das Leben seiner Frau und seiner Tochter gefährdet war. So vereinbarten sie, dass Coretta mit Yolanda einige Zeit zu ihren Eltern nach Marion und anschließend zu Mama und Daddy King nach Atlanta reisen sollte.

Als Martin Luther King seine Familie wieder in Atlanta

abholen wollte, versuchte ihn seine Familie zu überreden, noch einige Zeit in Atlanta zu bleiben, um aus der Schusslinie zu sein. Es kam zu einer heftigen Auseinandersetzung, während der Martin schließlich erklärte, sein Platz sei in Montgomery. Coretta hielt zu ihrem Ehemann. Sie war überzeugt davon, dass in jedem Leben einmal der Augenblick kommt, da man sich ganz allein für oder gegen etwas entscheiden muss. Dies war ein solcher Augenblick im Leben des Ehepaares. Martin war überzeugt davon, das Rechte zu tun, und Coretta bekräftigte, dass sie hinter ihm stehe, egal, wie er sich entscheiden würde.

Am 13. November 1956 schließlich wurde der Fall des Busboykotts in Montgomery vor dem Obersten Bundesgericht der Vereinigten Staaten entschieden. Die Richter erklärten die Segregation in den Bussen für verfassungswidrig. Die Proteste hatten sich gelohnt. Ein erster Erfolg auf dem Weg hin zur Gleichberechtigung von Afroamerikanern und Weißen konnte verbucht werden. Voller Zuversicht fasste Coretta auf einer Veranstaltung im Dezember 1956 die Erfahrungen des vergangenen Jahres wie folgt zusammen:

Während unseres ganzen Kampfes haben wir gefühlt, dass Gott auf unserer Seite steht und dass die Wahrheit und das Gute zuletzt siegen werden. Dies ist unser Glaube und durch diesen Glauben werden wir weiterleben.

Vorerst brachen nun ruhigere Zeiten für die Familie King an. Ihr Glück wurde vollkommen, als Coretta wieder schwanger wurde. Am 23. Oktober 1957 wurde der Sohn Martin Luther King III. geboren.

Martin Luther King engagierte sich weiter für die Rechte der Afroamerikaner. Er führte Gespräche mit Präsident Eisenhower, organisierte immer wieder Protestmärsche und hielt Reden. Er wollte den Präsidenten zu einer Anweisung an das Justizministerium veranlassen, die garantieren sollte, dass die afroamerikanische Bevölkerung besser vor Gewaltausbrüchen geschützt würde. Dies sollte insbesondere Personen aus dieser Bevölkerungsgruppe betreffen, die sich als Wähler registrieren wollten. Doch die Gespräche führten nicht zu dem gewünschten Ergebnis.

Coretta litt sehr unter der häufigen Abwesenheit ihres Ehemannes, aber sie erkannte auch das große Ziel, das sie gemeinsam hatten: Sie wollten die Lage der schwarzen Bevölkerung in den USA verbessern. So war sie bereit, ihre persönlichen Wünsche diesem Ziel unterzuordnen.

Martin Luther King hielt seine Erfahrungen während des Busboykotts in Montgomery in einem Buch fest, das 1958 veröffentlicht wurde. Anschließend ging er auf eine Lesereise durch die USA.

Am 20. September las er auf einer Veranstaltung in Harlem aus seinem Buch, als eine zweiundvierzigjährige afroamerikanische Frau auf ihn zutrat und ein scharfes Messer in seine Brust stieß. Martin Luther King wurde sofort in ein Krankenhaus gebracht und operiert. Die Verletzung erwies sich als sehr schwer, da das Messer die Aorta berührt hatte. Nur eine schnelle Operation konnte sein Leben retten.

Als Coretta von dem Attentat erfuhr, war sie zunächst verzweifelt. Sofort flog sie nach Harlem und konnte erst allmählich die Tragweite des Geschehens erfassen. Als sie endlich am Krankenbett ihres Mannes ankam, hatte sie sich jedoch beruhigt und konnte die Verletzung aus Gottes

Hand annehmen. Ihre Erinnerungen an dieses Ereignis fasste sie später wie folgt zusammen:

Der Dolchstoß war (...) eine sehr dunkle und schwierige Periode im Leben meines Mannes, vielleicht eine Prüfung für ihn wie auch seine Anhänger. Wir hatten von Gewalt gesprochen und davon, dass wir fähig seien, einen Schlag hinzunehmen, ohne zurückzuschlagen. Nun wurden unsere Worte erneut auf die Probe gestellt.

Das Attentat machte mehr denn je klar, wie verletzlich und gefährlich das Leben der Familie King war.

1960 kam es zu einer bedeutenden Veränderung im Leben der Familie King. Das Ehepaar erkannte, dass es unmöglich war, neben dem Einsatz für die Rechte der Afroamerikaner auch ihrer Kirchengemeinde in Montgomery gerecht zu werden. Schweren Herzens baten sie um ihre Entlassung. Martin Luther King übernahm daraufhin eine Stelle als Zweitpastor in der Gemeinde seines Vaters in Atlanta. So hatte er genug Zeit und Freiraum für seinen Kampf gegen die Rassentrennung.

Am 30. Januar 1961 wurde das dritte Kind der Kings, der Sohn Dexter Scott, geboren. Am 28. März 1963 kam die jüngste Tochter, Bernice Albertine, zu Welt. In einer Stadt wie Atlanta, in der die Rassentrennung permanent sichtbar und spürbar war, war es für die Eltern keine leichte Aufgabe, ihren Kindern ein starkes Selbstbewusstsein zu vermitteln und sie ohne Groll und Angst zu erziehen. Andererseits war es für die Kinder nicht immer einfach, die Tatsache zu akzeptieren, dass ihr Vater eine bekannte, jedoch auch sehr umstrittene Persönlichkeit war.

Marty, wie der älteste Sohn von Coretta und Martin Luther King genannt wurde, fuhr eines Tages mit der Mutter im Auto durch die Stadt. Da sahen sie einige Jungen an der Ecke stehen. Marty erzählte seiner Mutter, dass die Jungen ihn gefragt hätten, wie sein Vater heiße. Er habe ihnen geantwortet, dass er es vergessen habe, denn er hatte Angst, verprügelt zu werden. Natürlich war Coretta entsetzt. Sie betete inbrünstig darum, dass ihr Sohn keinen Schaden erleiden möge, und nahm sich vor, wachsam zu sein, um ihrem Kind in derartigen Schwierigkeiten beistehen zu können.

Immer wieder versuchten die Kings, ihren Kindern Demütigungen aufgrund ihrer Hautfarbe zu ersparen. Eines Tages fuhr Coretta mit Yolanda durch ein Wohngebiet, in dem nur Weiße lebten. Voller Begeisterung wollte Yolanda auf einen Spielplatz mit einer wunderschönen Schaukel. Coretta antwortete schnell, dass sie es eilig hätten und zum Mittagessen nach Hause mussten. Der Spielplatz war nur für weiße Kinder und diese demütigende Erfahrung wollte Coretta ihrer Tochter ersparen.

Es war den Eltern sehr wichtig, ihren Kindern eine positive Einstellung zu ihrer Hautfarbe zu vermitteln. Der Grundgedanke, dass jeder Mensch, unabhängig von seiner Hautfarbe, von Gott gut und wertvoll geschaffen worden ist, prägte ihr Leben und sollte auch im Leben ihrer Kinder immer präsent sein. Trotzdem fragte Yolanda eines Tages bedrückt ihre Mutter: „Mami, wie kommt es, dass die Weißen so hübsch sind und die Neger hässlich?“ Coretta war fassungslos. Sie griff nach einer Zeitschrift von Afroamerikanern und schaute mit ihrer Tochter die verschiedenen abgebildeten Personen an. Immer wieder fragte sie: „Sind die nicht hübsch? Schau mal, wie gut der aussieht." Am Schluss erklärte Yolanda: „Jetzt sehe ich es: Neger sind hübsch, Weiße sind hässlich!" Nun musste Coretta das Ganze noch einmal genau erklären.

Währenddessen ging der gewaltlose Kampf gegen Rassentrennung in Kaufhäusern, Cafés und öffentlichen Toiletten weiter, wobei es auch oft zu Verhaftungen kam. Eine große Massendemonstration fand 1963 in Birmingham statt. Wer sich daran mit allen Konsequenzen beteiligen wollte, auch mit der Bereitschaft, notfalls ins Gefängnis zu gehen, wurde gebeten, folgende Regeln zu unterschreiben:

Ich verpflichte mich – meine Person und meinen Körper – der gewaltlosen Bewegung. Ich werde die folgenden zehn Gebote einhalten:

1. *Jeden Tag über die Lehren und das Leben Jesu nachzudenken.*
2. *Nie zu vergessen, dass die gewaltlose Bewegung in Birmingham Gerechtigkeit und Versöhnung sucht, nicht den Sieg.*
3. *Im Geiste der Liebe zu gehen und zu sprechen, denn Gott ist Liebe.*
4. *Täglich zu Gott zu beten, dass er mich dazu benutzen möge, allen Menschen zur Freiheit zu verhelfen.*
5. *Persönliche Wünsche zu opfern, um allen Menschen zur Freiheit zu verhelfen.*
6. *Im Umgang mit Freund und Feind die Regeln der Höflichkeit zu beachten.*
7. *Danach zu trachten, ständig anderen und der Welt zu dienen.*

8. *Mich der Gewalttätigkeit der Faust, der Zunge und des Herzens zu enthalten.*
9. *Mich zu bemühen, in geistiger und körperlicher Gesundheit zu leben.*
10. *Den Anweisungen der Bewegung und des Leiters einer Demonstration zu folgen.*

Ich unterzeichne diese Verpflichtung, nachdem ich ernsthaft überlegt habe, was ich tue, und bin entschlossen und gewillt standhaft zu bleiben.

Die Demonstrationen nahmen immer größere Ausmaße an, sodass die Stadtverwaltung sich veranlasst sah, ein Demonstrationsverbot zu verhängen. Daraufhin wurden viele der Demonstranten, die sich davon nicht einschüchtern ließen, verhaftet, darunter auch Martin Luther King. Erst nachdem sich Coretta Hilfe suchend an den Präsidenten John F. Kennedy gewandt hatte, wurden sie wieder aus dem Gefängnis entlassen.

Nach zähen Verhandlungen und vielen Demonstrationen konnten schließlich auch Erfolge verbucht werden: Die Rassentrennung in Geschäften sollte aufgehoben werden, Einstellungsbedingungen von Afroamerikanern verbessert werden und es sollten regelmäßige Treffen zwischen schwarzen und weißen Verantwortlichen stattfinden.

Legendär wurde auch der Marsch auf Washington am 28. August 1963, bei dem sich etwa 250 000 Menschen zum Protest am Lincoln-Denkmal versammelten. Martin Luther King hielt dort seine berühmte Rede: I have a dream. Sie endete mit den folgenden Sätzen:

Wenn dies geschieht und wenn wir erlauben, dass die Glocken der Freiheit läuten und wenn wir sie von jedem Dorf und jedem Weiler, von jedem Staat und jeder Stadt läuten lassen, werden wir diesen Tag schneller erleben, wenn alle Kinder Gottes, schwarzer Mann und weißer Mann, Juden und Christen, Protestanten und Katholiken Hände halten können und die Worte des alten Spirituals ‚Endlich frei, endlich frei; danke Gott, Allmächtiger, endlich frei' singen.

Die Menge war sehr beeindruckt. Viele Amerikaner begriffen erst jetzt, was die Bewegung wirklich erreichen wollte. Die Demonstration war ein Erfolg. Nach dem Marsch wurden die zehn Anführer der Bürgerrechtsbewegung ins Weiße Haus eingeladen, um dem Präsidenten ihre Anliegen zu unterbreiten.

Diesem großartigen Erlebnis folgte jedoch leider bald eine Katastrophe. In einer afroamerikanischen Baptistenkirche in Birmingham, in der gerade ein Kindergottesdienst stattfand, wurde am 15. September eine Bombe gezündet. Vier Kinder starben. Zu sehen, dass sich der Hass und die Gewalt sogar gegen unschuldige Kinder richteten, war für alle unfassbar.

So gab es in ihrem Kampf gegen die Rassentrennung immer wieder niederschmetternde, aber auch stets erfreuliche Erlebnisse. Eines der schönsten Ereignisse war wohl die Verleihung des Friedensnobelpreises an Martin Luther King im Jahr 1964, die eine weltweite Anerkennung des Kampfes gegen Rassendiskriminierung bedeutete.

Während dieser Zeit fand Coretta einen Weg, mit ihrer musikalischen Begabung das Anliegen der Freiheitsbewegung zu unterstützen. Sie begann sogenannte „Freiheitskonzerte" zu geben, während derer sie in Liedern und Reden den Kampf der Afroamerikaner für ihre Freiheit beschrieb. Die Konzerte wurden ein voller Erfolg. Die Zuhörer waren begeistert, die Ziele der Freiheitsbewegung wurden so noch weiter verbreitet und es bedeutete eine zusätzliche Einkommensquelle, denn die Kosten für die verschiedenen Aktionen waren immens hoch.

Im Frühjahr 1968 fand in Memphis ein Protestmarsch gegen die schlechte Situation der dortigen afroamerikanischen Arbeiter statt, an dem auch Martin Luther King teilnahm. Bei diesem Marsch kam es zu Gewaltausbrüchen unter einigen Teilnehmern. Steine wurden geworfen, Fensterscheiben eingeschlagen, ein Jugendlicher wurde von einem Polizisten getötet und viele Menschen wurden verletzt. Martin Luther King war verzweifelt, weil das Anliegen der Gewaltfreiheit so verraten worden war. Er beschloss, weitere Demonstrationen in Memphis zu leiten, denn er war überzeugt, dass die Gewaltfreiheit der Bürgerrechtsbewegung auf dem Spiel stand.

Am Abend des 4. April besprach er sich deshalb mit seinen engsten Mitarbeitern im Hotel. Bevor er sich auf den Weg zu einer Kundgebung machen wollte, trat er auf den Balkon seines Zimmers im Lorraine-Motel. Ein Schuss fiel und Martin Luther King brach tödlich getroffen zusammen.

Zur selben Zeit war Coretta mit ihrer Tochter Yolanda unterwegs, um Ostereinkäufe zu machen. Sie war noch nicht lange zu Hause, als das Telefon klingelte. Ein Mitarbeiter überbrachte ihr die Nachricht, dass ihr Mann von einer Kugel getroffen worden sei. Sofort machte sich Coretta auf den Weg, um nach Memphis zu fliegen. Noch auf dem Flughafen von Memphis erreichte sie die schreckliche Nachricht: Ihr Mann Martin Luther King jr. war tot.

Am darauffolgenden Samstag wandte sich Coretta Scott King in einer öffentlichen Erklärung an die Presse:

Mein Mann sagte den Kindern oft: Ein Mensch, der nichts hat, wofür es sich zu sterben lohnt, ist nicht reif für das Leben. Er sagte auch, dass es nicht darauf ankomme, wie lange man lebe, sondern wie groß man lebe. Er war sich jederzeit bewusst, wie stark bedroht sein Leben war. Die Möglichkeit eines frühen Todes stand uns klar vor Augen. Dennoch empfand Martin weder Bitterkeit noch Hass. Er verzweifelte nie daran, Gutes zu tun. Und er ermutigte uns, seinem Beispiel zu folgen, und bereitete uns so ständig auf die Tragödie vor. Ich bin überrascht und erfreut über den Erfolg seiner Lehre, denn unsere Kinder sagen: „Daddy ist nicht tot; er mag zwar körperlich tot sein, aber seine Seele wird nie sterben.“

Es war Corettas großer Wunsch, die Arbeit ihres Mannes weiterzuführen. An dem geplanten Marsch in Memphis nahm sie an der Stelle ihres Mannes teil. Viele weitere Aktionen folgten. 1968 gründete sie das Martin Luther King jr. Center for Nonviolent Social Change. Es enthält eine Bibliothek, bietet Veranstaltungen zum Thema Gewaltfreiheit an und will die Erinnerung an Martin Luther King wachhalten. Bis zu ihrem Tod engagierte sich Coretta für Gerechtigkeit und Menschenrechte. Sie bezeichnete ihren Einsatz als einen Kampf gegen ein dreifaches Übel: Rassismus, Armut und Krieg.

Am 30. Januar 2006 verstarb Coretta Scott King in einem Rehabilitationszentrum in Rosarito Beach in Mexiko, nachdem sie im August 2005 einen Schlaganfall erlitten hatte.

Gedanken und Gesprächsimpulse

Martin Luther King und Coretta Scott King verband eine gemeinsame Aufgabe: der Kampf für Gerechtigkeit und Freiheit für die afroamerikanische Bevölkerung. Diesem Ziel ordneten sie alles andere unter, auch ihre persönlichen Interessen. Sie wussten sich von Gott an diesen Platz und in diese Aufgabe gestellt. Dieses Wissen begleitete sie durch ihr ganzes Leben und trug sie durch die dunkelsten Stunden.

Ihr Weg war oft schwer. Neben vielen schönen Erlebnissen und Erfolgen mussten sie auch Kampf, Verzicht und Niederlagen erdulden. Coretta litt als junge Ehefrau und Mutter unter der häufigen Abwesenheit ihres Mannes. Die Angst um sein Leben war ein ständiger Begleiter. Häufig kam es zu Auseinandersetzungen mit Gegnern und zu Meinungsverschiedenheiten zwischen den Mitarbeitern der Bürgerrechtsbewegung. Doch konnte Coretta den Auftrag ihres Mannes akzeptieren und mittragen, mehr noch, sie ließ sich in diese Aufgabe mit hineinnehmen. Auch persönliche Wünsche und Träume mussten hinter dem einen großen Ziel zurückstehen: Die Verbesserung der Lebensbedingungen und die Freiheit für die afroamerikanische Bevölkerung.

Das Ehepaar profitierte jedoch auch von seinem Engagement. Ihr gemeinsamer Wunsch verband sie mehr und mehr, gab ihrer Beziehung und ihrem Leben Tiefe und Sinn, sogar über den Tod Martin Luther Kings hinaus.

Es war ein großes Anliegen, für das sich Coretta Scott King und Martin Luther King einsetzten. Dieser Einsatz half ihnen über Schwierigkeiten hinweg. Sie hatten den vor ihnen liegenden Weg im Blick und konnten so Probleme gemeinsam lösen und miteinander die Lasten tragen, die ihr großes Lebensziel mit sich brachte. So wurden sie von dieser gemeinsamen Aufgabe durch die kleinen und großen Schwierigkeiten des Lebens getragen.

Können wir für unsere Ehe ein gemeinsames Ziel definieren?

Wie könnte dieses gemeinsame Ziel aussehen?

Welche Aufgabe hat Gott für unser Leben?

Welche Aufgaben könnten wir miteinander angehen?

Gebet

Herr, du willst, dass wir als Paar nicht nur für uns selbst leben.
Du hast uns zusammengeführt.
Gemeinsam dürfen wir daran mitarbeiten, dass die Welt deinem Ziel ein Stück näher kommt.
Danke, dass du uns für Wert erachtest,
deine Mitarbeiter zu sein.
Zeige uns, wo wir unsere Gaben zu deiner Ehre einsetzen können.
Lass uns an den Nöten der Welt nicht verzweifeln,
sondern mithelfen, dass die Welt deine Liebe erkennt.
Wir vertrauen darauf, dass du alles in deinen Händen hältst, starker Gott.
Amen

Quellen

King, Coretta Scott. *Mein Leben mit Martin Luther King*. Gütersloh: Gütersloher Verlagshaus Mohn, 1985.

Vivian, Octavia. *Coretta & Martin Luther King: Gemeinsam für einen großen Traum*. Holzgerlingen: Hänssler Verlag, 2007.

Hanni Stein und Jochen Klepper

Als die Rettung von zwei Vereinsamten bezeichnete Jochen Klepper einst die Beziehung zwischen ihm und Johanna Gerstel-Stein. Aber ihre Ehe war viel mehr: Es war eine unkonventionelle Beziehung, in die beide Beteiligten ihre unterschiedlichen Geschichten und Prägungen mit einbrachten, in der beide Partner voneinander profitierten und sich gegenseitig Halt gaben in schweren Zeiten.

Johanna Gerstel-Stein wurde 1890 in Nürnberg geboren und stammte aus einer vornehmen jüdischen Familie. Sie war die Witwe eines ebenfalls jüdischen Rechtsanwalts und Mutter zweier Töchter, Brigitte und Renate. Ihr Ehemann, Felix Stein, war bereits 1925 verstorben. Hanni entstammte einer weltoffenen Familie, was ihr Leben stark beeinflusste. Sie legte Wert auf einen angemessenen Lebensstil und Toleranz. Gemeinsam mit ihren beiden sieben und neun Jahre alten Töchtern und ihren Hausangestellten bewohnte sie in Breslau ein schönes, gepflegtes Heim. Sie war eine vermögende Frau und auf der Suche nach einem Weg aus ihrer Einsamkeit, deshalb suchte sie 1929 einen Untermieter. Diesen fand sie bald in Jochen Klepper.

Jochen Klepper wurde 1903 in Beuthen an der Oder in Niederschlesien geboren. Der Vater war evangelischer Pfarrer, eine sehr dominante Persönlichkeit. Die Mutter, die erst mit der Heirat von der katholischen zur evangelischen Konfession gewechselt hatte, war eine modebewusste, weltoffene Frau, von der Jochen Klepper wohl auch seine künstlerische Begabung geerbt hatte. Zur Familie gehörten noch zwei ältere Schwestern und zwei jüngere Brüder. Nach dem Abitur hatte Jochen zunächst ein Theologiestudium begonnen, dieses jedoch ohne Abschluss abgebrochen. Er fand eine Anstellung beim Evangelischen Presseverband für Schlesien, arbeitete als freier Mitarbeiter für verschiedene Zeitschriften und schrieb an seinem Werk „Der Kahn der fröhlichen Leute".

Johanna Stein und Jochen Klepper lernten sich im April 1929 kennen, vermutlich durch ein mit beiden Seiten befreundetes Ehepaar.

Im Sommer 1929 zog Jochen Klepper zur Untermiete bei Hanni Stein ein. Mit diesem Mietverhältnis begann eine außergewöhnliche Liebesgeschichte. Jochen Klepper fühlte sich sofort wohl, denn sein neues Heim erinnerte ihn an seine behütete Kindheit. War seine Mutter doch, ähnlich wie Hanni Stein, eine elegante Frau, die stets auf einen großzügigen Lebensstil Wert legte. Hanni genoss die anregende Gesellschaft und interessanten Gespräche mit dem neuen Untermieter, der auch seinerseits die Konversation mit seiner Vermieterin schätzte. So waren der Austausch von Gedanken und das Kennenlernen der Lebenseinstellung des anderen für beide ein Gewinn.

Jochen Klepper nahm aufgrund der Anregungen und Unterstützung, die er von Hanni Stein erhielt, 1929 seine Arbeit an dem 1927 begonnenen Moderoman „Die große Directrice" wieder auf. Zuvor hatte er drei Jahre lang vergeblich versucht, dieses Werk verschiedenen Verlagen anzubieten. Doch auch der überarbeiteten Version war kein Erfolg beschieden.

Die Eltern von Jochen Klepper waren jedoch nicht sehr glücklich über die Beziehung zwischen ihrem Sohn und Hanni Stein, denn diese Verbindung sprengte den Rahmen des damals Üblichen. Die Eltern hatten wenig Verständnis dafür, dass der Sohn mit einer 13 Jahre älteren jüdischen Witwe und deren Töchter zusammenlebte.

1930 war ein sorgenvolles Jahr für die Familie Klepper. Jochens Vater hatte einen schweren Schlaganfall erlitten und benötigte von nun an eine aufwendige und teure Pflege. Die finanziellen Mittel dafür konnte die Familie jedoch nicht aufbringen. So beschloss Hanni, der Familie zu helfen, denn sie spürte, wie sehr Jochen unter der Not seiner Familie litt. Sie notierte später:

Jochen war mit seiner Familie so verwachsen, wie ich es noch kaum je erlebte ... Zu der Zeit war Jochen häufig verstimmt und sehr bedrückt. Es ging immer um Angelegenheiten von zu Hause, aber über Andeutungen kam er nicht hinaus. Bis er eines Tages das Vertrauen zu mir fand und mich zum größten Teil einweihte. Nun gab es für mich kein Überlegen, ich musste handeln, um ihm seine Ruhe wiederzugeben. Ich machte Geld flüssig, erst eine kleine Summe von wenigen tausend Mark, dann mehr und zum Schluss war ich genötigt, meine Lebensversicherung zu beleihen ... Der Vater ist leider von der Last, die Jochen von ihm nahm, nicht sichtbar befreit ... Dies ist eine große Enttäuschung Jochens ... Als Jochen die Regelung in die Hand nahm und mit meinem Geld bezahlte, war Freude und Jubel unter den Kindern. Es wurde zwar als sehr störend empfunden, dass ich Jüdin bin, aber immerhin vermögend, da kann man ja nicht so genau sein.

Aufgrund der schwierigen Situation nahm die Familie Klepper die großzügige Hilfe an. Doch die Spannungen zwischen Jochens Eltern und Hanni wurden dadurch nicht weniger. Als Jochen Klepper und Hanni Stein am 28. März 1931 standesamtlich heirateten – eine kirchliche Trauung kam aufgrund der unterschiedlichen Religionen nicht infrage –, kam es zum tiefen Bruch zwischen Jochen und seinen Eltern. Erst nach vielen Jahren verbesserte sich dieses Verhältnis wieder.

Der sensible Schriftsteller bezeichnete später die Ehe mit seiner Hanni als seine Rettung:

Wäre ich nicht in Hannis Leben gekommen: Es wäre erst das finanziell behütete, dann eingeschränkte Leben einer Frau gewesen, die jung Witwe wurde und nur noch mit ihren Kindern lebte, etwas sehr Normales. Wäre Hanni nicht in mein Leben gekommen, es wäre – was datenmäßig bestimm-

bar ist – eine Familienkatastrophe geworden. Krank, wirr und geängstigt.

An anderer Stelle bekannte er einmal, dass er verrückt geworden wäre, wenn Hanni nicht in sein Leben getreten wäre. Auch Hanni empfand die Beziehung zu Jochen als Geschenk Gottes. Sie schrieb einmal über ihr Ehe:

Das Schönste, was eine Frau erleben kann, ist mir ja zuteilgeworden. Wirklich als das gekannt zu sein, was man ist. Und mit den Widersprüchen und Mängeln geliebt zu werden.

Ein großer Schatten, der über der Ehe lag, war für Jochen Klepper die Tatsache, dass er keine eigenen Kinder haben würde. In seinem Tagebuch schrieb er 1932:

Bisher kam in meinem Leben immer das gute Wunder; bis auf das eine: kein Kind von Hanni. Es ist furchtbar für jeden Künstler, der die Erfüllung aller in ihm liegenden Potenzen kennt, kein Kind zu haben.

Umso mehr kümmerte er sich um Brigitte und Renate, die beiden Töchter seiner Frau aus erster Ehe.

1932 zog die Familie nach Berlin. Der Dichter erhoffte sich größere berufliche Chancen. Er fand auch zunächst tatsächlich eine Anstellung beim Berliner Rundfunk, sodass die Familie dadurch ein bescheidenes Einkommen hatte. Neben seiner Tätigkeit beim Rundfunk schrieb Jochen Klepper weiter an seinem Roman „Der Kahn der fröhlichen Leute".

Das Glück der Familie Klepper war jedoch nur von kurzer Dauer. Am 30. Januar 1933 wurde Adolf Hitler Reichskanzler. Antijüdische Tendenzen und Feindseligkeiten gegen Juden wurden nun immer öfter öffentlich ausgetragen. Der Druck und die Repressalien gegenüber Juden wurden immer massiver. Auch die Familie Klepper als „Mischfamilie" hatte darunter zu leiden.

Die Ehe mit der Jüdin Hanni war für den Dichter jedoch immer noch eine ganz bewusste Entscheidung. Als im Jahre 1933 die Feindseligkeiten gegenüber Juden in Deutschland immer stärker wurden, notierte er:

Das Jüdische hat in meinem Leben zu weiten und tiefen Raum, als dass ich jetzt nicht in all dem Guten, das immer noch über meinem eigenen Leben reichlich bleibt, sehr leiden müsste. Denn mir ist, als gäbe die Heilsgeschichte der Juden der Weltgeschichte den Sinn.

Hanni setzte sich immer mehr mit dem christlichen Glauben auseinander, denn sie spürte, wie viel Kraft ihr Ehemann aus seinem Glauben schöpfte. Für ihn war der Glaube ein fester, unerschütterlicher Halt, der ihm Kraft gab in dieser schweren Zeit. So schrieb er folgende Worte:

Ohne Gott bin ich ein Fisch am Strand,
ohne Gott ein Tropfen in der Glut,
ohne Gott bin ich ein Gras im Sand
und ein Vogel, dessen Schwinge ruht.
Wenn mich Gott bei meinem Namen ruft,
bin ich Wasser, Feuer, Erde, Luft.

Obwohl der christliche Glaube für den Dichter eine so große Rolle spielte, ließ er seiner Frau doch die Freiheit und Zeit, ihren eigenen Weg zu suchen und zu finden. Ein Tagebucheintrag vom 14. März 1933 macht dies deutlich:

Welchen Umfang nimmt das Religiöse in den Gesprächen zwischen Hanni und mir ein. Aber ich weiß, dass es so etwas wie Bekehrung vom Menschen aus nicht gibt und dass der Fromme niemals bekehrungssüchtig sein kann. Nur „Wes das Herz voll ist“ ... Dass ich aber fromm bin – das schreibe, sage ich so lapidar ganz ruhig. Es ist das Geschenk meines Lebens. Jenes Geschenk, das einem unter effektiven Qualen zuteilwurde und nun die Frage nach der Schuld und dem Übel stumm macht, obwohl man täglich die Schuld und das Übel durchlebt.

Jochen Klepper war sehr bald klar, welches berufliche Risiko er durch die Ehe mit der Jüdin Hanni Stein einging. Er schrieb im Mai 1933:

Nun bin ich in die Situation des Judentums sehr verstrickt. So wie die Dinge liegen, müsste meine Ehe mich meinen Posten verlieren lassen.

Am 7. Juni 1933 wurde Jochen Klepper wegen seiner jüdischen Familie offiziell entlassen. Da das Vermögen von Hanni allmählich aufgebraucht war, wurde durch die unsichere berufliche Situation von Jochen die finanzielle Lage immer schwieriger. Und doch verlor das Ehepaar nicht seine Hoffnung und seinen Lebensmut, wie ein Gedicht Jochens vom 23. Juni 1933 zeigt:

Ich weiß nicht, hat es Sinn
und lohnt es, dass ich lebe,
nur weil mein Herz noch schlägt.
Ich weiß nur, dass ich Rebe
voll schweren Weines bin.
Ich weiß nicht, soll ich sein.
Ich weiß nur, dass die Erde
mich Korn im Schoße trägt,
dass ich zum Brote werde.
Gott spricht aus Brot und Wein.

Glücklicherweise fand er fünf Wochen später, am 27. Juli 1933, eine Stelle beim Ullstein-Verlag.

Am 23. August 1933 wurde von der Regierung die Kennzeichnung von „Mischehen mit Fremdrassigen als … geistige und seelische Entartung" propagiert. Daraufhin wollte sich Hanni scheiden lassen, denn sie wollte dem Werdegang ihres Mannes nicht im Weg stehen. Jochen Klepper weigerte sich standhaft, in die Scheidung einzuwilligen. Er notierte in seinem Tagebuch:

Ich kann diesen Entschluss nicht fassen. In diesem „jüdischen Schicksal", in das Gott einen einbezieht, ist etwas, wogegen ich nicht ankann.

An seiner Weigerung, sich von seiner Frau zu trennen, hielt er zeitlebens fest. Lieber wollte er mit ihr in den Tod gehen – ein Gedanke, mit dem sich das Ehepaar immer wieder auseinandersetzen musste. Sie erlebten, dass das Thema auch in ihrem Bekanntenkreis kein Tabu war. Immer wieder erfuhren sie von jüdischen Freunden, die den Weg in den

Tod wählten, weil sie der Angst vor einer Deportation und dem politischen Druck nicht mehr gewachsen waren.

Die Bedrängnis und Unsicherheiten, unter denen die Familie Klepper zu leiden hatte, stärkte den Zusammenhalt des Ehepaares mehr und mehr und machte beide dankbar für die gemeinsame Liebe. Am 26. April 1934 schrieb Jochen Klepper:

Heut ist es fünf Jahre her, daß Hanni und ich uns kennen lernten. Ich habe Hanni nicht viel Gutes gebracht. Aber sie fragt nicht danach. Ich kann noch nicht darüber hinweg, denn mir hat diese Ehe nur Gutes gebracht. Was haben Arierparagraphen mit Hanni zu tun? Und daß wir kein Kind haben würden, hatte ich vorher zu bedenken.

Dass auch Hanni in ihrer Ehe mit Jochen glücklich war, wird durch einen Tagebucheintrag Jochens bestätigt. Am 10. Juni 1934 schrieb er:

Neulich sagte Hanni: „Der Tag beginnt erst, wenn du nach Hause kommst." Und heute: „Der schönste Moment am Tage ist, wenn du heimkommst." Was will ich denn mehr vom Leben. Diese Liebe ist so groß, dass ich sie mir gar nicht vorstellen kann. Jeder Moment der Klage über alles Schwere ist ein Unrecht.

Im September 1935 wurde Jochen Klepper, der inzwischen an seinem beeindruckenden Werk „Der Vater" arbeitete, aus seiner Anstellung beim Ullstein-Verlag entlassen, da er „jüdisch belastet" war. Somit war der Familie die Existenzgrundlage genommen. Im Frühjahr 1937 erschien sein

Buch über den Preußenkönig Friedrich Wilhelm I., das sofort ein großer Erfolg wurde. Nun hatten die finanziellen Sorgen der Familie zunächst einmal ein Ende. Jochen Klepper hoffte zudem, durch seine Popularität als Schriftsteller, die er durch seinen Romanerfolg erreicht hatte, seine Familie vor dem Zugriff der Nazis schützen zu können.

Der Druck, den die Nazis auf die Juden ausübten, und die Angst der Familie Klepper wurden allerdings immer größer. Trotzdem versuchten sie, sich von diesen Sorgen nicht niederdrücken zu lassen. Am 28. März, dem Ostersonntag des Jahres 1937, notierte Jochen:

Ostern und Hochzeitstag. Vom frühen Morgen an läuteten die Glocken. Ach, welches Erwachen mit so schwerem, verwundetem Herzen, Seite an Seite, unter so vollem, ernstem Geläute. Die Kinder hatten uns den Frühstückstisch geschmückt, wie er alljährlich am Ostermorgen in den Jahren unserer Ehe geschmückt zu sein pflegte. Unaufhörlich läuteten noch die Glocken, brauste der Wind, fiel der Schnee – Hanni und ich haben uns die Wappenringe zum Feste und zum Erscheinen des Buches neu schleifen lassen, weil beider Steine zerschlagen waren. Das war ein seltsamer Augenblick: nach sechs Jahren so schwerer Ehe sich von Neuem Ringe, die gleichen, anzustecken.

In der Nacht zum 10. November 1938 zündeten die Nationalsozialisten zahlreiche Synagogen in ganz Deutschland an und zertrümmerten Tausende Schaufenster jüdischer Geschäfte. Immer wieder hörten die Kleppers nun von Selbstmorden in ihrem jüdischen Bekanntenkreis. Viele andere Juden suchten jedoch nach einer Möglichkeit, in ein sicheres Land auszureisen – ein Gedanke, den die Kleppers nun auch für ihre beiden Mädchen in Erwägung zogen.

Am 18. Dezember 1938 erfüllte sich für Jochen Klepper ein großer Wunsch: Seine Frau Hanni ließ sich in der Kirche von Berlin-Mariendorf taufen, nachdem sie den Taufunterricht besucht hatte. Das Ehepaar feierte sieben Jahre nach der standesamtlichen nun die kirchliche Trauung. Ihr Trautext lautete: „Freuet euch in dem Herrn allewege! Und abermals sage ich: Freuet euch!" (Philipper 4,4).

Später dichtete Jochen Klepper ein Hochzeitslied, das sich auf den eigenen Trautext und die folgenden Verse des Philipperbriefes bezieht:

Freuet euch im Herren allewege!
Abermals vernehmt es: Freuet euch!
Dass er Hand in Hand zum Bund euch lege,
neigt sich Gott zu euch vom Himmelreich.
Eure Liebe, die euch hier verbindet,
ist von seiner Liebeshuld verklärt.
Wo in Gott der Mensch zum Menschen findet,
ist der Segen stets noch eingekehrt.
(EG 239)

An Weihnachten 1938 gingen Hanni und Jochen zum ersten Mal gemeinsam zum Abendmahl. Dies bedeutete für den Schriftsteller die Erfüllung seines lang gehegten Wunsches. Er hatte so lange darauf gewartet, mit seiner Frau vor den Altar zu treten, dass er seine Freude auch in einem Tagebucheintrag vom 27. Dezember 1938 zum Ausdruck brachte.

Immer wieder hilft Gott, auch mit äußeren Freuden, auf die ich so gar nicht mehr zählte, aus der tiefen Müdigkeit auf. Ich meinte, es wäre zu diesem Weihnachten an Festesfreude genug mit Hannis Taufe und unserer Trauung.

Das Jahr 1938 ging zu Ende. Es war für die Familie Klepper schwer und ereignisreich gewesen, ein Jahr, in dem Jochen Klepper dieses Lied zum Jahreswechsel schrieb:

Der du die Zeit in Händen hast,
Herr, nimm auch dieses Jahres Last
und wandle sie in Segen.
Nun von dir selbst in Jesus Christ
die Mitte fest gewiesen ist,
führ uns dem Ziel entgegen.

Da alles, was der Mensch beginnt,
vor seinen Augen noch zerrinnt,
sei du selbst der Vollender.
Die Jahre, die du uns geschenkt,
wenn deine Güte uns nicht lenkt,
veralten wie Gewänder.

Wer ist hier, der vor dir besteht?
Der Mensch, sein Tag, sein Werk vergeht:
Nur du allein wirst bleiben.
Nur Gottes Jahr währet für und für,
drum kehre jeden Tag zu dir,
weil wir im Winde treiben.

Der Mensch ahnt nichts von seiner Frist.
Du aber bleibest, der du bist,
in Jahren ohne Ende.
Wir fahren hin durch deinen Zorn,
und doch strömt deiner Gnade Born
in unsre leeren Hände.

Und diese Gaben, Herr, allein
lass Wert und Maß der Tage sein,
die wir in Schuld verbringen.
Nach ihnen sei die Zeit gezählt;
was wir versäumt, was wir verfehlt,
darf nicht mehr vor dich dringen.

Der du allein der Ewge heißt
und Anfang, Ziel und Mitte weißt
im Fluge unserer Zeiten:
Bleib du uns gnädig zugewandt
und führe uns an deiner Hand,
damit wir sicher schreiten.
(EG 64)

Die politische Situation wurde für die Juden in Deutschland immer gefährlicher. Nach vielen Bemühungen erhielt Brigitte, die achtzehnjährige Tochter, endlich die Ausreisegenehmigung nach England. Am 10. Mai 1939 reiste sie ab. Renate, die jüngere Tochter, konnte sich nicht zu diesem Schritt entschließen. Es war ein schwerer Abschied für die Familie. Und doch wussten sie Brigitte in Gottes Hand geborgen, ein Gedanke, der ihnen ein wenig über die schwierige Trennung hinweghalf.

Im November 1940 erhielt Jochen Klepper seinen Einberufungsbefehl zur Wehrmacht. Am 3. Dezember 1940 trat der Dichter seinen Dienst als Soldat an.

Er erhoffte sich dadurch auch Schutz für seine kleine Familie, was er am 25. November auch hoffnungsvoll in seinem Tagebuch vermerkte:

Gott gebe, dass ich auch zu Hannis und Renis bestem Soldat werden darf.

Trotz allem wurde die Lage seiner Lieben zu Hause immer schwieriger. Obwohl sich beide hatten taufen lassen, galten sie nach den Nürnberger Gesetzen immer noch als Jüdinnen. Bereits seit Juli wurde Juden nur noch eine Stunde Einkaufszeit pro Tag gestattet, es gab ein abendliches Ausgehverbot und Kleiderkarten wurden ihnen verwehrt. Zudem gab es Auflagen bei den Lebensmittelkarten. Vor seiner Einberufung konnte Jochen hier aushelfen. Nun, da er als Soldat an der Front war, mussten Hanni und Reni selbst so gut es ging zurechtkommen. Viele Bekannte zogen sich zurück. Angesichts der gefährlichen und bedrückenden Situation war jetzt auch die jüngere Tochter Reni zur Ausreise aus Deutschland bereit.

Hanni teilte Jochens Hoffnung, sein Dienst als Soldat könnte seiner Familie in der Heimat Schutz bieten, nicht. In einem Brief an ihn schrieb sie im Juni 1941:

Ich will Dir die Illusion, dass Du uns durch Dein Verbleiben draußen mehr nützen kannst, nicht rauben. Ich bin nach allem, was man hier hört und sieht, anderer Meinung.

Sie hatte leider recht. Im Herbst 1941 wurde Jochen Klepper aufgrund seiner Ehe mit einer Jüdin entlassen. Dies schockierte und verletzte ihn zutiefst.

Die Freude über die Heimkehr Jochens währte für Hanni und Reni nur kurz. Zu schwerwiegend und existenziell waren die Probleme, mit der die Familie zu kämpfen hatte. Immer wieder kamen Selbstmordgedanken auf, da die bedrückende Situation so aussichtslos schien. Reni äußerte einmal ganz direkt: „Bevor ich ins KZ gehe, bringe ich mich um."

Im Dezember 1942 verbot Karl Adolf Eichmann, der für die Vertreibung und Deportation der deutschen Juden zuständig war, persönlich die Ausreise von Hannis jüngerer Tochter Reni. Der Gedanke an die mögliche Deportation und den Tod seiner Frau und Stieftochter war für Jochen Klepper unerträglich. Der Gedanke an einen Selbstmord als letzten Ausweg, den schon viele Juden gewählt hatten, stand ihnen nun immer häufiger vor Augen. Am 11. Dezember wurde er für Familie Klepper schließlich zur Realität. Sie hatten nicht mehr die Kraft zu widerstehen. Die Haushälterin fand die Familie tot auf dem Küchenboden. In ihrer Verzweiflung hatten sie den Gashahn aufgedreht und den Weg in den Tod gewählt.

In vielen seiner Texte und Choräle hatte Jochen Klepper sich selbst und anderen immer wieder Mut gemacht, sich auf Gottes Hilfe zu verlassen und ihm zu vertrauen. Angesichts der realen Gefahr von Deportation und Tod hatte sich die Familie nun jedoch entschlossen, dem Leiden und Sterben durch die Hand der Nationalsozialisten durch Selbstmord zuvorzukommen.

Viele Fragen bleiben am Lebensende der Familie Klepper offen. Lange hatte Jochen Klepper gehofft, seine Familie vor den Nazis retten zu können. Zu spät hatte er erkannt, welche Macht und welche Gewaltbereitschaft von diesen Menschen ausging.

Es bleiben jedoch auch unzählige tröstliche Texte. Sie entstanden in Zeiten der großen Not, die Hanni und Jochen Klepper gemeinsam durchgestanden und durchlitten haben. Diese Erfahrungen hielt der Dichter in seinen Werken fest. So verdanken wir dieser Beziehung einen Schatz an Chorälen und Texten, der schon vielen Menschen geholfen hat, sich in schwierigen Zeiten auf Gottes Hilfe zu besinnen. Auch die Tagebuchaufzeichnungen, die Jochen Kleppers Schwester einige Jahre nach dessen Tod veröffentlichte, lassen uns teilnehmen an einem Leben, das geprägt war von Leiden und dem Ringen nach dem rechten Weg, von einem Glauben, der sich trotz allem Schweren an Gott festklammerte.

Er weckt mich alle Morgen,
er weckt mir selbst das Ohr.
Gott hält sich nicht verborgen,
führt mir den Tag empor,
dass ich mit seinem Worte
begrüß das neue Licht.
Schon an der Dämmrung Pforte
ist er mir nah und spricht.

Er spricht wie an dem Tage,
da er die Welt erschuf.
Da schweigen Angst und Klage,
nicht gilt mehr als sein Ruf.

Das Wort der ewigen Treue,
die Gott uns Menschen schwört,
erfahre ich aufs neue so, wie ein Jünger hört.

Er will mich früh umhüllen
mit seinem Wort und Licht,
verheißen und erfüllen,
damit mir nichts gebricht;
will vollen Lohn mir zahlen,
fragt nicht, ob ich versag.
Sein Wort will helle strahlen,
wie dunkel auch der Tag.
(EG 452)

Gedanken und Gesprächsimpulse

Die Ehe zwischen Johanna und Jochen Klepper war eine ungewöhnliche Beziehung, eine Verbindung, welche die Konventionen der damaligen Zeit sprengte. Ungewöhnlich aufgrund des Altersunterschiedes, vor allem jedoch aufgrund der sehr unterschiedlichen Glaubensinhalte, die beide in diese Beziehung einbrachten. Hanni war Jüdin, praktizierte ihren jüdischen Glauben jedoch nicht. Erst im Lauf der Jahre fand sie den Weg zum christlichen Glauben. Jochen war ein tiefgläubiger Christ, dessen Glaube sein Leben und Wirken intensiv prägten. Seine Frau akzeptierte seinen Glauben stets, auch während der Zeit, in welcher ihr der christliche Glaube noch fremd war. Der Dichter begegnete seiner zukünftigen Ehefrau in einer Lebensphase, in der er selbst zutiefst unglücklich, unsicher und verwirrt war. Sie gab ihm Halt und half ihm, seine Lebensperspektive zu finden. Sie unterstütze ihn in seiner schriftstellerischen Tätigkeit und gab ihm immer wieder Mut.

Obwohl Jochen Klepper zu Beginn seiner Ehe darunter litt, dass seine Partnerin den wichtigen Bereich seines Lebens, den christlichen Glauben, nicht mit ihm teilte, ließ er ihr die Freiheit und die Zeit, ihren Weg selbst zu suchen und zu finden. Er hielt zu seiner Ehefrau bis zum Tod, obwohl ihr jüdisches Erbe sein Leben und Wirken sehr stark einschränkte und belastete. Das Ehepaar Klepper lebte das Eheversprechen, in guten wie in schlechten Tagen miteinander zu leben und einander zu helfen, bis zur letzten Konsequenz aus.

Die wenigsten Ehepaare sind einem solch großen Druck und derartigen Schwierigkeiten ausgesetzt. Doch sehr viele Partnerschaften zerbrechen bereits angesichts von weitaus kleineren Problemen.

Hanni und Jochen Klepper waren sich stets bewusst, dass sie sich gegenseitig Hilfe, Halt und Stütze waren. Und sie waren dankbar für die gegenseitige Liebe, die für sie nicht selbstverständlich, sondern ein kostbares Geschenk Gottes war.

In welchen Bereichen ist mir meine Partnerin / mein Partner Hilfe, Halt und Stütze?

Habe ich ihr/ihm das schon einmal gesagt?

In welchen Bereichen kann ich Halt und Stütze sein?

Wo braucht meine Partnerin / mein Partner mehr Unterstützung?

Wann habe ich meiner Partnerin / meinem Partner das letzte Mal gesagt, was mir unsere Liebe bedeutet?

Gebet

Herr, manchmal ist das Leben schwer.
Dann sind wir froh, dass wir einander haben.
Lass unsere Liebe wachsen, besonders in schweren Zeiten.
Danke, dass du unsere Lasten auf dich nimmst und uns
durch alle Höhen und Tiefen hindurch trägst.
Lass uns nie vergessen, dass du größer bist als alle Not,
du unser Gott.
Amen

Quellen

Klepper, Jochen. *Unter dem Schatten deiner Flügel: Aus den Tagebüchern der Jahre 1932-1942*. Hrsg. Hildegard Klepper. Stuttgart: Deutsche Verlagsanstalt, 1956.

Klepper, Jochen. *Gast und Fremdling: Briefe an Freunde*. Hrsg. Eva-Juliane Meschke. Witten/Berlin: Eckart-Verlag, 1960.

Thalmann, Rita. *Jochen Klepper: Ein Leben zwischen Idyllen und Katastrophen*. München: Kaiser, 1977.

Ida und Friedrich von Bodelschwingh

Wer verbindet mit dem Namen Bodelschwingh nicht Bethel, jenen Ort, an dem unzählige kranke, behinderte und bedürftige Menschen Hilfe und Heimat fanden und auch heute noch finden? Ida und Friedrich von Bodelschwingh waren es, die dieses größte Diakoniewerk Europas aufbauten und prägten.

Ihre Arbeit stellten sie stets unter das Motto: Es geht kein Mensch über die Erde, den Gott nicht liebt. Davon waren die Bodelschwinghs überzeugt. Doch wer war dieses Ehepaar, das sein Leben der Aufgabe widmete, den Ärmsten und Schwächsten die Liebe Gottes nahezubringen?

Ida Friederike Caroline Luise Wilhelmine von Bodelschwingh wurde 1835 in Unna im Wasserschloss Haus Heyde geboren. Ihren späteren Ehemann Friedrich von Bodelschwingh lernte sie schon früh kennen, denn er war ihr Cousin. Sie hatte noch zehn Geschwister. Das Leben der Familie war geprägt von einem tiefen christlichen Glauben, der sich auch in der Übernahme sozialer Verantwortung und in der Unterstützung Notleidender widerspiegelte. Ida erhielt gemeinsam mit ihrer Schwester Privatunterricht und genoss eine ausgezeichnete Erziehung. Da sie außerordentlich musikalisch war, erlernte sie auch das Klavier- und Orgelspiel. 1851 wurde ihr Vater, Carl von Bodelschwingh, zum preußischen Finanzminister ernannt und die Familie zog nach Berlin. Das Haus Heyde blieb jedoch der Lebensmittelpunkt der Familie. Jeden Sommer und nach der Pensionierung des Vaters kehrten sie dorthin zurück.

Im Alter von 22 Jahren erkrankte Ida an einer schweren Depression. Ein langwieriges Magenleiden, das vermutlich nicht richtig behandelt worden war, brachte das sensible Mädchen aus dem seelischen Gleichgewicht. Auslöser für diese seelische Krise war aber sicher auch die Tatsache, dass ihre Eltern die Verlobung mit einem jungen Offizier ablehnten. Es dauerte mehrere Monate, bis sich die Psyche des jungen Mädchens wieder erholt hatte. Ihre seelische Anfälligkeit begleitete sie jedoch zeitlebens.

1860 fand sich Idas Vetter Friedrich im Haus Heyde ein. Dieser Besuch sollte das Leben der beiden für immer verändern. Zur Überraschung aller fand schon am 2. Oktober 1860 die Verlobung zwischen Ida und Friedrich von Bodelschwingh statt.

Friedrich war vier Jahre älter als seine Cousine. Er wurde 1831 als sechstes Kind von Ernst und Charlotte Bodelschwingh in Tecklenburg geboren. Als Friedrich elf Jahre alt war, wurde sein Vater zum preußischen Finanzminister berufen. Verbunden mit dieser Aufgabe war der Umzug der Familie nach Berlin. Dort wurde der junge Friedrich zum Spielgefährten des preußischen Kronprinzen und späteren Kaisers Friedrich III. auserwählt.

Nach seinem Schulabschluss entschloss sich Friedrich von Bodelschwingh, eine landwirtschaftliche Lehre zu absolvieren. Anschließend arbeitete er als Gutsverwalter in Pommern, dem heutigen Polen. Das Elend der Landarbeiter und ihrer Familien, mit dem er dort zum ersten Mal in Berührung kam, schockierte den Einundzwanzigjährigen zutiefst. Er versuchte daher, die Lebensumstände seiner Angestellten nach Kräften zu verbessern. Von seinem sozialen Engagement berichtet er auch in einem Brief an seinen Vater:

Für die ganz verkommenen Familien lasse ich Suppe kochen, die sie für ein Billiges erhalten, damit auch die Frau ohne häusliche Sorgen täglich mitarbeiten kann. Manchen messe ich ihr Mehl für ihre Suppe zu und bestimme danach, wie lange sie mit ihrem Scheffel auskommen müssen, wie ich erfahren hatte, dass sie in der Not, aber wohl auch zum Branntweinsaufen das empfangene Korn verkaufen ... So habe ich also außer meiner ausgedehnten landwirtschaftlichen Tätigkeit auch eine große Familienhaushaltung, die neben manchem anderen Lehrreichen auch für mich das Gute hat, dass ich im steten Zusammenhang mit so großer Armut und so großen Entbehrungen mit meinem eigenen Lose recht von

Herzen zufrieden sein kann und mir auch für die Zukunft jede Entbehrung leicht werden wird.

1854 besuchte Friedrich einen Missionsgottesdienst, dem der Predigttext Matthäus 9,37-38 zugrunde lag: „Die Ernte ist groß, aber wenige sind der Arbeiter. Darum bittet den Herrn der Ernte, dass er Arbeiter in seine Ernte sende." Schon zuvor hatte ihn ein Traktat über die Mission in China angesprochen. Seit einiger Zeit war er sich nämlich unsicher über seinen weiteren beruflichen Werdegang. Nun glaubte er, endlich seine Aufgabe gefunden zu haben. Als Missionar wollte er nach Indien oder Afrika. Seine Eltern überredeten ihn jedoch, zunächst Theologie zu studieren. Er studierte in Basel, Erlangen und Berlin und wurde 1863 Pfarrer.

Nach seinem Studium erfuhr er jedoch von der Not deutscher Immigranten in Paris. Mitte des 19. Jahrhunderts übte die französische Hauptstadt auf deutsche Einwanderer eine große Anziehungskraft aus. Unzählige ungelernte Arbeiterinnen und Arbeiter sowie Handwerker aus Deutschland zogen nach Paris. So kam es, dass zwischen 80 000 und 100 000 Deutsche dort lebten. Sie hausten zum großen Teil unter ärmlichsten Bedingungen, da ihre Verdienstmöglichkeiten äußerst gering waren. Der junge Pfarrer fühlte sich dazu berufen, den Menschen dort in ihrer Not beizustehen.

Er mietete ein kleines Zimmer in dem Pariser Vorort Montmartre und richtete darin ein Schulzimmer und eine Hauskapelle ein. Dieses Angebot stieß auf große Resonanz und bald war der Raum zu klein. Mit Spenden, die er in Deutschland sammelte, wollte er auf dem Montmartre eine Kirche und eine Schule errichten.

In Frankreich fühlte Friedrich sich sehr einsam und so war in ihm der Wunsch nach einer Ehefrau gereift. Schon länger hatte er im Stillen ein Auge auf seine Cousine Ida geworfen, die er seit Kindheitstagen kannte. Ihre Frömmigkeit, ihre Klugheit, ihre Ehrlichkeit, ihre Musikalität ... es gab so vieles, was ihn seit Jahren an seiner Cousine beeindruckte. Er wusste jedoch auch um ihre psychische Labilität. Als seine Lebensplanung noch einen Missionseinsatz in Übersee beinhaltet hatte, wollte er ihr diese Belastung nicht zumuten. Nun, da er in Paris gelandet war, stand in seinen Augen einer Ehe mit Ida nichts mehr im Wege.

Zur Überraschung Idas hielt Friedrich anlässlich seiner Spendenreise also am 8. Oktober 1860 um ihre Hand an. Sie willigte ein, doch Friedrich konnte leider nur zwei Tage auf dem Gut seiner zukünftigen Schwiegereltern bleiben, um Verlobung zu feiern. Dann machte er sich wieder auf, um Geld für sein Werk zu sammeln.

Bereits am 18. April 1861 wurde Hochzeit gefeiert. Ende April zog Ida dann an die Wirkungsstätte ihres Mannes nach Paris. Als sie dort ankam, stand die Hügelkirche noch nicht, erst im August wurde der Grundstein gelegt. Direkt neben der Kirche lag das Pfarrhaus, eine kleine, enge, dürftig eingerichtete Unterkunft. Das junge Ehepaar teilte sich das Pfarrhaus mit zwei anderen Familien: Im oberen Stockwerk lebte das Ehepaar Bodelschwingh. Das untere Geschoss bewohnten ein deutscher Lehrer mit seiner Familie und eine Witwe mit ihrem Sohn, die beide Familien als Haushaltshilfe unterstützte.

Diese beengten Verhältnisse waren eine große Umstellung für die junge Pfarrfrau, hatte sie doch bisher in einem Schloss gewohnt. Doch tapfer passte sie sich den neuen

Lebensumständen an. Friedrich war glücklich darüber und schrieb dies auch seiner Mutter:

Überhaupt ist es doch nun für mich ein ganz neues Leben hier, nach innen wie nach außen, und ich erfahre es immer mehr dankbar, wie sehr mich der liebe Gott in meinem Idchen gesegnet hat.

Wie gut Ida zu ihrem Friedrich passte, zeigt ein Bericht über die Familie Bodelschwingh, der von einer Freundin des Hauses verfasst wurde.

Im Grunde war Ida von allen ihren Geschwistern die Heiterste. Gerade weil sie von Jugend auf je und dann im Kampf mit der Schwermut lag, hatte sie, sobald der Angriff wieder überwunden war, etwas Befreites und Befreiendes. Da sie selbst viel gelitten hatte, sah sie schnell, wenn andere litten, und auch die Schwächen anderer entgingen ihr nicht. Aber je schärfer sie sah, je tiefer fühlte sie mit Gesunden und Kranken ... Dabei machte sie niemals irgendeinen Unterschied des Standes. Sie war gegen jeden gleichmäßig gütig. Hoheit blendete sie nicht und Niedrigkeit schreckte sie nicht. Auch verleitete sie ihr scharfes Auge nie dazu, anderen wehzutun.

Ida unterstützte ihren Mann, wo sie nur konnte. Vor allem bei Schreibarbeiten war Ida ihm zeitlebens eine große Hilfe, da ihr schriftliche Arbeiten sehr viel besser von der Hand gingen als ihrem Ehemann.

Auch übernahm Ida die Verantwortung für die Kirchenmusik, da die Musik schon in ihrer Kindheit ihr Leben begleitet und bereichert hatte. Einmal schrieb Ida an ihren

Vater, dass Friedrich jedes musikalische Verständnis abginge. So habe er ihr die Sache in die Hand gegeben. Ida war ihre Aufgabe so wichtig, dass sie sich sogar dazu entschieden hatte, ihren Goldschmuck zu verkaufen, um eine kleine Orgel für die deutsche Gemeinde in Paris zu finanzieren. Häufig spielte sie in der Hügelkirche auf dieser und übte mit der Gemeinde neue Lieder ein.

Am 7. Februar 1863 wurde dem jungen Paar der älteste Sohn Ernst geboren. Doch die Freude des Ehepaares währte nur kurz. Eine Woche nach der Geburt erkrankte die Mutter schwer an einer Wochenbettpsychose. Sie konnte nicht einmal an der Taufe ihres Kindes teilnehmen. Auf Anraten des Arztes brachte Friedrich von Bodelschwingh seine Frau in den „Schweizerhof" nach Berlin-Zehlendorf, wo sie schon früher wegen ihrer Krankheit behandelt worden war. Der kleine Ernst wurde in dieser Zeit von seiner Großmutter versorgt und Friedrich kehrte allein nach Paris zurück.

Zur Freude aller genas Ida von Bodelschwingh unerwartet schnell und bereits im Mai war die kleine Familie wieder in Paris vereint. Trotz aller Freude über ihre neuen Aufgaben in Paris plagte Ida doch immer wieder das Heimweh, was eine Weihnachtsnachricht an ihren Vater verdeutlicht. Trotzdem betont sie auch immer wieder, wie glücklich sie mit Friedrich ist:

Ich bin im Geiste so viel bei euch, denn in solchen Fällen fühlt man doch gar zu sehr die weite Entfernung … Du hast dich nicht in ihm getäuscht, lieber Vater, denn er macht durch Gottes Gnade dein Kind ganz unbeschreiblich glücklich. Wir lernen uns immer inniger verstehn.

Die Krankheit seiner Frau hatte in Friedrich von Bodelschwingh den erneuten Zweifel geweckt, ob es richtig war, seiner Frau das entbehrungsreiche, anstrengende Leben in Paris zuzumuten. Daher beschloss das Ehepaar gemeinsam, nach einem Nachfolger Friedrichs für die Arbeit in Paris zu suchen. Friedrich wollte sich nach einer Stelle in Deutschland umsehen. Er entschied sich für den Pfarrdienst in dem Dorf Dellwig bei Unna in Westfalen. Nach reiflicher Überlegung erschien ihnen dieser Ort als der Platz, an dem Gott sie haben wollte.

So nahm die Familie Abschied von Paris und zog im Frühjahr 1864 von der Weltstadt Paris in das westfälische Dorf Dellwig. Die Pfarrstelle erwies sich als eine gute Wahl. Ida von Bodelschwingh kam in dem ruhigen Ort wieder ganz zu Kräften und überstand so auch die Schwangerschaft und Geburt ihres zweiten Kindes, der Tochter Elisabeth, die im Juli 1864 geboren wurde, sehr gut.

Friedrich genoss es, endlich auch wieder Zeit zum Lesen zu haben oder in dem nahe gelegenen Eichenwald spazieren zu gehen, wenn er eine Predigt vorzubereiten hatte.

Zum ersten Weihnachtsfest in Dellwig gestaltete Friedrich seinem Sohn sogar ein Bilderbuch und für seine Frau verfasste er eine schriftliche Liebeserklärung:

Mein liebes Herzensfrauchen! Hiermit wollte ich mich unter dem brennenden Weihnachtsbäumchen, in Gegenwart unserer beiden lieben Kinderchen, die Du mir geschenkt hast, Dir aufs Neue verschreiben und im Namen des treuen Gottes, der Dich mir geschenkt hat, aufs Neue geloben, Dir allein anzugehören, es werde mit Dir besser oder schlimmer, Du werdest reicher oder ärmer, Du seiest krank oder gesund,

Dich zu lieben, Dich zu pflegen, Dich zu tragen und zu stützen, mich mit Dir zu freuen und mit Dir zu leiden – bis dass der Tod uns hoffentlich nur auf kurze Zeit voneinander scheidet. Dazu wolle Gott helfen Deinem Dich herzinnig liebenden Mann.
Friedrich

Auch in Dellwig unterstützte Ida von Bodelschwingh ihren Mann bei seinem Dienst, sowohl bei schriftlichen Arbeiten als auch bei Besuchen von kranken oder sterbenden Gemeindegliedern.

Zusätzlich zu seinem Dienst als Pfarrer beteiligte sich Friedrich an der Herausgabe einer christlichen Zeitschrift, dem „Westfälischen Hausfreund“. Damit wollte er einen geistlichen Gegenpol zur weltlichen Presse setzen und dafür sorgen, dass die Gemeindeglieder auch anspruchsvolle Literatur lasen.

Gleichermaßen wurde das Ehepaar auf vielerlei Missstände im Dorf aufmerksam, zu denen es klar Stellung bezog. Insbesondere der übermäßige Konsum von Branntwein und die Not in den Familien, die daraus erwuchs, war den Pfarrersleuten ein Dorn im Auge. Mit ihrer deutlichen Stellungnahme machten sie sich jedoch nicht nur Freunde.

Häufig musste das Pfarrerehepaar auch eingreifen, wenn es zu Streit zwischen Gemeindegliedern kam. Dabei waren oft Fantasie und Humor gefragt. So berichtet der 1872 geborene Sohn Gustav in seiner Biografie über den Vater von einem der Schlichtungsfälle:

Zwei andere Nachbarn stritten um eine Eiche, die auf der Grenze stand und 30 Taler Wert hatte. Ehe entschieden war, wem der Baum gehörte, ließ der eine, der ein besseres Anrecht zu haben glaubte, die Eiche schlagen. Natürlich war dadurch der Kampf aufs Äußerste verschärft. Was tun? Bodelschwingh schickte seinen Wagen und ließ die Eiche auf den Pfarrhof bringen, wo gerade das neue Pfarrhaus im Bau begriffen war. Dann ging er zu den Streitenden und bat sie, jeder von ihnen möge ihm sein Anrecht an die Eiche zugunsten des Pfarrhausbaues abtreten. Die beiden erklärten sich mit dieser höheren Gerechtigkeit einverstanden. Obgleich keiner auch nur einen Pfennig Geld bekam, war doch im Grunde die Eiche noch gut bezahlt, da jeder von beiden nun die weiteren Prozesskosten gespart hatte.

Trotz mancher spannungsgeladenen Situation waren es fünf glückliche Jahre, die die Familie von Bodelschwingh in Dellwig erlebte. Die Familie wuchs, im Februar 1866 kam der Sohn Friedrich zur Welt und im Dezember 1867 wurde Karl geboren.

1869 jedoch wurden die Bodelschwinghs von unermesslichem Leid heimgesucht. Das Weihnachtsfest 1868 feierte die Familie noch voller Freude. Der Vater berichtet:

Das Weihnachtsfest nahte heran. Fröhlicher, erwartungsvoller als je bisher hatten sich unsere Kleinen auf das frohe Kinderfest bereitet. Wie freudig erklangen seit Wochen von ihren Lippen die Lobgesänge dem Christkind entgegen. Selbst unser kleinster Sohn, der gerade in dem lieblichen Alter stand, wo er seine ersten Lauf- und Sprechversuche machte, konnte schon, wenn auch ohne Worte, in den kindlichen Jubel einstimmen. Welche Freudenstunde, die uns noch einmal mit diesen lieben Kindern geschenkt wurde …

Im Januar des Jahres 1869 erkrankten alle vier Kinder der Bodelschwinghs an Keuchhusten und Lungenentzündung und starben innerhalb weniger Tage. In ihrer großen Not konnte das Ehepaar Bodelschwingh nur noch bei Gott Halt finden. Allein das Wissen, dass ihre Kinder nun in der ewigen Herrlichkeit Gottes angekommen waren, half den Eltern, nicht zu verzweifeln. Seinen Bericht über das Sterben seiner Kinder beendet der Vater mit dem Kapitel 3, Verse 24-32 aus den Klageliedern des Propheten Jeremia:

Der Herr ist mein Teil, spricht meine Seele; darum will ich auf ihn hoffen. Denn der Herr ist freundlich dem, der auf ihn harrt, und dem Menschen, der nach ihm fragt. Es ist ein köstlich Ding, geduldig sein und auf die Hilfe des Herrn hoffen. Es ist ein köstlich Ding für einen Mann, dass er das Joch seiner Jugend trage. Er sitze einsam und schweige, wenn Gott es ihm auferlegt, und stecke seinen Mund in den Staub; vielleicht ist noch Hoffnung. Er biete die Backe dar dem, der ihn schlägt, und lasse sich viel Schmach antun. Denn der Herr verstößt nicht ewig, sondern er betrübt wohl und erbarmt sich wieder nach seiner großen Güte.

Gustav von Bodelschwingh schreibt in seiner Biografie:

Der Mutter fingen seit der Zeit die Haare an auszufallen und noch nach einem Jahr zitterte ihre Hand beim Schreiben. Oft stand sie schluchzend an den Gräbern und ihren Mann sah man eines Tages mit einem Brett und vier Pfählen zum Kirchhof gehen, um an der stillen Stelle, wo die vier Gräber lagen, eine kleine Bank zu machen, damit er dort mit der Mutter zugleich nachdenken könne, was Gott ihnen durch solches Leid sagen wollte.

Später sagte Friedrich von Bodelschwingh einem trauernden Vater:

Damals, als unsere vier Kinder gestorben waren, merkte ich erst, wie hart Gott gegen Menschen sein kann, und darüber bin ich barmherzig geworden gegen andere.

Noch im selben Jahr, im September 1869, wurde dem Ehepaar der Sohn Wilhelm geboren. Als 1870 der Deutsch-Französische Krieg ausbrach, sah es Friedrich als seine Aufgabe an, als Feldprediger bei den Soldaten zu sein. Daraufhin fuhr Ida mit ihrem Sohn Wilhelm in ihr Elternhaus, weil sie das Alleinsein nach den einschneidenden Erfahrungen des vergangenen Jahres nur schwer ertrug. Um ihr die Trennung zu erleichtern, schrieb Friedrich ihr fast jeden Tag einen Brief. Ida unterstützte seine Arbeit als Feldprediger aus der Ferne, indem sie ihm Losungsbüchlein und Schriften für die zu betreuenden Soldaten schickte. Natürlich machte sie sich große Sorgen um ihren Ehemann und schrieb ihm häufig. Von ihrer Furcht berichtete sie Friedrich in einem ihrer Briefe:

Ich möchte Dir nichts vorlamentieren, kanns aber nicht gut lassen, Dir offen zu sagen, wie viel Sorgen und Not ich mir mache.

So war sie überglücklich, als ihr Ehemann im November, nach viermonatiger Abwesenheit, wieder wohlbehalten zurückkam.

Das Leben der Familie Bodelschwingh änderte sich, als eine Delegation der Evangelischen Heil- und Pflegeanstalt für Epileptische aus Bielefeld nach Dellwig kam. In Bielefeld bestanden seit 1867 das Diakonissenmutterhaus „Sarepta“, das Bruderhaus „Nazareth“ und das Heim für Epileptiker, für deren Leitung man das Ehepaar Bodelschwingh gewinnen wollte. Das Ehepaar sagte zu und so zog die Familie 1872 nach Bielefeld.

Die neuen Aufgaben der Familie Bodelschwingh sollten den Bereich Seelsorge, Organisation und Verwaltung umfassen. Doch bald schon musste Friedrich sich auch als Bauherr bewähren. Ein Neubau des Diakonissenmutterhauses war vorgesehen und auch Neubauten für die Kranken waren dringend notwendig. Die Vielfalt der Aufgaben nahm das Ehepaar Bodelschwingh gemeinsam in Angriff und unter ihrer Leitung vergrößerte sich das Werk immens. Aus dem Heim für ehemals 25 Epileptiker wurde im Lauf der Zeit eine Stadt für physisch, psychisch und sozial Kranke. Es entstand eine Diakonissenanstalt und eine Diakonenanstalt. Im Jahre 1874 benannte Friedrich von Bodelschwingh die Evangelische Heil- und Pflegeanstalt in „Bethel“ um. Unter seiner Leitung wurde Bethel zusammen mit dem Mutterhaus „Sarepta“ und dem Bruderhaus „Nazareth“ zu einer der bedeutendsten Einrichtungen der Inneren Mission.

Das Ehepaar Bodelschwingh arbeitete häufig und gut zusammen. Besonders bei Schreibarbeiten war Ida ihrem Mann eine große Hilfe, aber auch Stellenbesetzungen besprachen sie miteinander. Wenn Friedrich auf Reisen war, vertrat ihn seine Frau in den unterschiedlichsten Bereichen. Doch Ida hatte auch ihren eigenen Verantwortungsbereich und war froh, Friedrich stets unterstützen zu können. Friedrich war sich der großen Hilfe seiner Frau durchaus bewusst. Besonders dankbar war er ihr für die partnerschaftliche Zusammenarbeit. 1875, als er wieder einmal auf Reisen war, schrieb er ihr:

Der liebe Heiland wolle ... dir Gnade geben, mit Sanftmut und Liebe Dein Amt auszurichten, das in meiner Abwesenheit als die Pastorin und Seelsorgerin, oberste Beraterin und Trösterin unserer Elendsgemeinde auf Dir liegt.

Die vielfältigen Aufgaben bedeuteten ein großes Arbeitspensum für das Ehepaar, zumal die Familie Bodelschwingh stetig weiterwuchs: 1872 wurde der Sohn Gustav geboren, 1874 kam die Tochter Frieda und 1877 der jüngste Sohn Friedrich zur Welt. Dennoch war das Zusammenleben mit den Kranken für die Familie etwas ganz Natürliches. Die Kinder spielten regelmäßig mit den epilepsiekranken Kindern. Sie empfanden dies als selbstverständlich.

Trotz der Vielzahl der Aufgaben bemühten sich die Eltern darum, dass die eigenen Kinder nicht zu kurz kamen. So stellte die Morgenandacht ein Ritual dar, an das der Sohn Gustav auch später noch oft dachte. Er hielt seine Erinnerungen daran schriftlich fest.

Wenn wir Kinder fertig angezogen waren, so pflegte die Mutter durch ein kleines Sprachrohr, welches von der Schlafstube nach oben in Vaters Arbeitszimmer führte, den Vater zur Andacht zu rufen ... die Mutter saß am Harmonium und Vater sagte in ganz kurzen Sätzen das Lied vor, sodass auch die Kleinsten schon mitsingen konnten und wir so unbemerkt allmählich einen großen Teil des Gesangbuches auswendig lernten ... Nach dem Gesang kam der Bogatzky, das Andachtsbuch, das schon in den Elternhäusern von Vater und Mutter viel gebraucht worden war. Uns Kindern blieb es, bis wir erwachsen waren, fast unverständlich, und doch bot es auch uns Erbauung genug ... Von den Gebeten, mit denen Vater die Andacht schloss, ist mir eins in besonderer Erinnerung geblieben. Der kleine Kanarienvogel, der uns ... in die neue Heimat begleitet hatte, lag eines Morgens tot in seinem Bauer. Er war verdurstet. Unser ältester Bruder, dem die Pflege des kleinen Tieres anvertraut war, hatte ihn vergessen. Nichts von Schelten oder Strafen. Aber in dem Gebet, das sich an den Bogatzky anschloss, brachte Vater die Sache vor Gott. Es ging durch Mark und Bein, wie er um Vergebung bat und um Treue.

Sehr beeindruckt waren die Kinder auch davon, dass die Eltern immer wieder für sie beteten. Auch darüber berichtet Gustav:

Mit Namen wurde jedes einzelne Kind genannt und der Bewahrung und dem Segen des Heilands empfohlen. Er hatte wenig Zeit für uns übrig, unser geliebter Vater ... aber er betete für uns.

Häufig war Ida von Bodelschwingh jedoch bei der Erziehung der Kinder und der Bewältigung ihrer Aufgaben in „Bethel“ auf sich allein gestellt, denn ihr Mann war viel im Dienst der Anstalt auf Reisen. War Friedrich in „Bethel“, so erforderte die Vielzahl der Aufgabe des großen Werkes seinen Einsatz in den unterschiedlichsten Bereichen. So musste die Mutter oft die häufige Abwesenheit des Vaters ausgleichen. Nicht immer war sie mit der Rastlosigkeit ihres Mannes einverstanden. Dann fand sie auch deutliche Worte, um ihm ihre Kritik mitzuteilen. In einem Brief schrieb sie 1885:

Bei uns ists sonntags meist so: zuerst Frühstück und Morgenandacht ohne den Papa – er kam den ganzen Sonnabend ja nicht zum Studieren; wenn keine Hauptpredigt, dann dringende Briefe zu erledigen – verspätetes eiligstes Mittagessen, wo man zu müde ist, mit den Seinen zu sprechen – 10 Minuten Schlaf, im Trabe in die Brüderstunde! Im Stürmen 1 Schluck Kaffee – Schwesterntag, Conferenz, Besuche und dergleichen – Abendpredigt, dringende andere Sachen zu erledigen – Frau und Kinder sind und bleiben allein.

Obwohl Ida und Friedrich von Bodelschwingh aus sehr vermögenden Elternhäusern stammten, hatten sie ihre Lebensverhältnisse längst den Gegebenheiten angepasst. Friedrich von Bodelschwingh bezog zeitlebens kein sehr hohes Gehalt und die Familie lebte bescheiden. Ida von Bodelschwingh gönnte sich so selten etwas für sich selbst, dass es für die ganze Familie ein Anlass zum Feiern war, als sie sich während der 22 Jahre in „Bethel" einmal einen neuen Hut und einen neuen Mantel kaufte.

Um sich ein Bild von der Anstalt zu machen und um nach dem Rechten zu sehen, unternahmen Ida und Friedrich von Bodelschwingh regelmäßig gemeinsame Spaziergänge durch „Bethel". Ihr Sohn Gustav notierte in seinem Buch, das 1922 erschien:

Auf solchen Wegen hat dann Mutter, ganz unbewusst und ungewollt, Vaters Augen und Urteil ergänzt. Bei der großen Beweglichkeit und Glut, die Vaters Herz erfüllte, und bei der großen Tragkraft, die er besaß, kam es oft vor, dass Dinge und Menschen ihm in einem Lichte erschienen, das doch der Wirklichkeit nicht ganz entsprach. Nie hat dann Mutter mit ihrem ergänzenden Urteil zurückgehalten. Unerbittlich, wie anderen Menschen gegenüber, blieb sie auch gegenüber ihrem Mann in der Wahrheit, und für die rechte Beurteilung von Menschen und Dingen, namentlich auch bei der Wahl der Mitarbeiter, blieb ihr klares Auge und unbestechliches Empfinden von höchstem Wert für ihren Mann.

Auch in „Bethel" litt Ida von Bodelschwingh immer wieder unter Depressionen. Diese Belastung sollte sie ihr ganzes Leben lang begleiten. Die Krankheit, die sich bereits in jungen Jahren gezeigt hatte, brach oft plötzlich und unerwartet wieder aus. Wie sehr dies die gesamte Familie belastete, zeigt ein Bericht ihres Sohnes Gustav:

Ihr an und für sich so heiteres Gemüt konnte hie und da von ganz kleinen Dingen überrannt und in eine Stimmung gebracht werden, die sich auf ihre ganze Seele und damit auch auf unser Haus wie ein Nebel legte. Dann half kein Zureden; der Zustand musste einfach seine Zeit haben ... War der Zustand der Verstimmung überwunden, dann strahlte die Sonne des Glückes wieder desto heiterer über unserem Haus.

In solchen schweren Zeiten half Ida meist die Musik. Die ganze Familie freute sich, wenn sich die Mutter ans Klavier setzte und spielte. Am liebsten intonierte sie Stücke von Johann Sebastian Bach. Von diesem Komponisten, der auch mehrmals am Grab eines seiner Kinder gestanden hatte, fühlte sie sich verstanden.

Friedrich von Bodelschwingh versuchte in diesen dunklen Stunden so gut er konnte, seiner Frau beizustehen. Sooft es möglich war, blieb er dann zu Hause und gemeinsam unternahmen sie viele Spaziergänge durch Wald und Feld, um innerlich wieder Ruhe und Frieden zu finden.

Auch die Besucherströme, die sonst im bodelschwinghschen Haus ein und aus gingen, wurden in diesen Zeiten eingestellt. Man achtete auf ein ruhigeres Familienleben.

Oft, wenn der Stress und die Hektik in „Bethel“ Ida zu viel wurden, zog sie sich mit ihren Kindern in ihr Elternhaus zurück, um sich auszuruhen und wieder zur Ruhe zu kommen. Friedrich von Bodelschwingh nahm sich meist nicht die Zeit, selbst mitzufahren. Mehrmals jedoch war er zur Kur an der Nordsee. Schriftliche Arbeiten hatte er auch in dieser Zeit zu erledigen und dabei fehlte ihm seine Frau ganz besonders.

Während seiner Badereise 1878 versuchte Friedrich seine Frau zu überreden, ihm nachzureisen, denn sie fehlte ihm so sehr. Er schrieb:

Wie viele Briefe könntest du mir hier abnehmen, wie viel durch diktiertes Schreiben erleichtern. Ich rechne jeden Tag, den Du hier still bei mir bist, 1000 Taler wert – wenigstens.

Schließlich ließ sich Ida überreden und reiste mit dem ältesten Sohn Wilhelm, der immer wieder Probleme mit dem Gehör hatte und dem die Nordseeluft auch guttat, nach Norderney. Gut erholt, trotz aller Arbeit, kam die Familie wieder zurück.

Doch die Arbeit in „Bethel“ wurde stetig mehr. Zur Betreuung der Epilepsiekranken kam noch die Außenstelle „Wilhelmsdorf“ hinzu, wo Arbeits- und Obdachlose eine Bleibe finden konnten. Sehr belastend war, dass diese Projekte nicht überall in Bielefeld Zustimmung fanden. Durch den Kauf von Land der Bethel'schen Anstalten wurden zum Beispiel einige Familien wohnungslos und mussten in die Stadt ziehen. So kam es 1885 zu Gewaltakten, die sich gegen „Bethel“ richteten. Es gab zwei Brandstiftungen, bei denen glücklicherweise niemand verletzt wurde. Ida und Friedrich von Bodelschwingh traf dieser Hass tief. Es reifte daraufhin der Entschluss, den Verein „Arbeiterheim“ zu gründen, mit dessen Hilfe Arbeitern die Möglichkeit geboten werden sollte, zu Wohneigentum zu kommen.

Im Frühjahr 1887 erkältete sich Ida schwer und erholte sich nur langsam. Daher fuhr das Ehepaar Bodelschwingh im Mai 1887 zur Erholung nach Bad Oeynhausen. Da Ida so erschöpft war, machten Bodelschwinghs im Sommer Urlaub in Steinbergen bei Rinteln. So versuchte sich das Ehepaar trotz der unglaublichen Fülle an Arbeit Freiräume zu schaffen.

Im Sommer 1892, nachdem Ida wieder einmal von einer schweren Depression genesen war, fuhr das Ehepaar zur Kur nach Bad Ems, denn auch Friedrichs Gesundheit war angegriffen. Der Arzt diagnostizierte bei ihm Erschöpfungszustände und einen schweren Rachenkatarrh. Nach sechs Wochen in Bad Ems setzten sie die Kur in Oberhof im Thüringer Wald fort, um wieder zu Kräften zu kommen. Zu ihrer großen Freude besuchten sie während dieser Zeit die drei jüngeren Kinder Gustav, Frieda und Fritz. Der Älteste, Wilhelm, war mit seinem Theologiestudium beschäftigt.

Im Herbst 1894 traf sich die ganze Familie nochmals eine Woche in der Schweiz, in Beatenberg. Es sollte das letzte unbeschwerte Zusammentreffen sein, denn bei Ida zeigten sich erste Krankheitssymptome in Form von Ausfallerscheinungen und Gedächtnislücken. Immer mehr verlor die Mutter während dieser Zeit jegliche Beziehung zu Zeit und Raum. Nachdem sich dieser Zustand immer weiter verschlimmerte, brachte Friedrich seine Frau Ende November schweren Herzens in ein Pflegeheim nach Lemgo. Immer noch hofften alle, dass sich Idas Zustand bald bessern würde und sie wieder nach Hause zurückkehren könne. Leider war dieses Hoffen vergebens.

Am 5. Dezember 1894 endete der gemeinsame Lebensweg des Ehepaares, denn Ida von Bodelschwingh starb im Alter von 59 Jahren. Friedrich lebte, arbeitete und wirkte noch 15 weitere Jahre.

Gedanken und Gesprächsimpulse

Trotz der Vielzahl an Aufgaben, die das Leben des Ehepaares ausfüllte, war es den Bodelschwinghs stets wichtig, als Familie und Ehepaar gemeinsame Zeiten zu verbringen und sich persönliche Freiräume zu schaffen. So waren die morgendlichen Familienandachten und der gemeinsame Tagesabschluss als Ehepaar ein Fixpunkt im Tagesablauf. Sie halfen den Bodelschwinghs, sich trotz der Fülle an Aufgaben auf Gott auszurichten und innerlich zur Ruhe zu kommen.

Nicht immer gelang es dem Ehepaar, Freiräume für sich zu finden, aber es war ihnen wichtig, vor allem in schwierigen Lebensphasen, Zeit auf Waldspaziergängen und Rundgängen durch Bethel miteinander zu verbringen. Insbesondere in den letzten gemeinsamen Lebensjahren konnten sie miteinander einige Urlaubs- und Kurwochen verbringen.

Welche festen Termine helfen uns, zur Ruhe zu kommen und uns auf Gott auszurichten?

Gibt es Rituale, die für uns als Paar oder Familie hilfreich sein könnten?

Welche gemeinsamen Unternehmungen verbinden uns als Ehepaar bzw. Familie?

Was würden wir gerne regelmäßig gemeinsam unternehmen?

Was hilft uns, in schwierigen Lebensphasen innerlich wieder Ruhe und Stabilität zu finden?

Gebet

Herr, oft haben wir zu wenig Zeit für einander
und für dich.
Zu viele Dinge erscheinen uns wichtiger
und drängen sich vor.
Doch unsere Zeit steht in deinen Händen.
Du schenkst Zeiten der Ruhe und Zeiten der Arbeit.
Hilf uns, beides gut zu gestalten.
Hilf uns, unseren Partner als ein Geschenk von dir
anzunehmen.
Hilf uns, immer wieder ganz neu dich als den Mittel-
punkt unseres Lebens und unserer Beziehung
zu erkennen.
Amen

Quellen

Gramlich, Bernhard. *Friedrich von Bodelschwingh: Werk und Leben*. Stuttgart: Steinkopf, 1981.

Puschmann, Claudia und Kerstin Stockhecke. *Ida von Bodelschwingh 1835-1894, Ein Lebensbild*. Bielefeld: Verlag für Regionalgeschichte, 2008.

von Bodelschwingh, Gustav. *Friedrich von Bodelschwingh, eine Geschiche seines Lebens*. Berlin: Furche-Verlag, 1924.

Joy Davidman und C. S. Lewis

Ihre Vermählung geben bekannt: Professor C. S. Lewis, Magdalene-College, Cambridge, und Frau Joy Gresham, z. Zt. im Churchill-Hospital, Oxford. Es wird darum gebeten, von Glückwunschschreiben abzusehen.

Dieser Text erschien Weihnachten 1956 in der „Times". Doch nicht alle Freunde und Bekannten des Paares freuten sich mit den beiden, als sie die Anzeige in der Zeitung sahen. Viele reagierten mit Unverständnis und Kritik. Aber wer waren diese beiden Personen, die sich unter solch ungewöhnlichen Umständen das Jawort gegeben hatten?

Joy Davidman Gresham war Amerikanerin. Sie wurde am 18. April 1915 als Tochter jüdischer Eltern, die aus Osteuropa nach Amerika ausgewandert waren, in New York geboren. Früh zeigte sich die ungewöhnliche Begabung des Mädchens, sie hatte einen Intelligenzquotienten von über 150. Es wurden jedoch auch schon in ihrer frühen Kindheit die gesundheitlichen Einschränkungen deutlich, die ihr gesamtes Leben prägen sollten.

Mit 15 Jahren wechselte Joy auf ein College in der Bronx. Ihren Eltern gegenüber wurde sie nun immer rebellischer und löste sich innerlich von jeder Religion. Das einzige erstrebenswerte Lebensziel war für sie das Vergnügen. Ihre damalige Auffassung formulierte sie 1930:

Menschen sind bloß Affen. Tugend ist bloß herrschende Sitte. Leben ist bloß eine elektrochemische Reaktion. Die Seele ist bloß eine Reihe konditionierter Reflexe ... Das Universum ist bloß Materie. Materie ist bloß Energie.

Bereits in jungen Jahren war Joy kreativ. Neben ihrem Studium veröffentlichte sie Gedichte und Kurzgeschichten. 1934 erkrankte sie jedoch an der Basedow'schen Krankheit, einer speziellen Form der Schilddrüsenüberfunktion. Um eine Operation an der Schilddrüse zu vermeiden, trug sie einmal wöchentlich einen Radiumkragen, der diese Fehlfunktion beheben sollte. Die Therapie brachte aber nur einen kurzfristigen Erfolg und war langfristig gesehen möglicherweise einer der Auslöser für ihre spätere Krebserkrankung.

Mit der Zeit wurde Joy immer mehr die soziale Ungerechtigkeit in den USA bewusst. Ein Schlüsselerlebnis hatte sie, als sie im College aus dem Fenster schaute und ein Mädchen entdeckte, das auf einem Gebäude stand und nach einiger Zeit vom Dach in den Tod sprang. Später erfuhr Joy, dass es sich um eine Waise gehandelt hatte, die aufgrund von Armut, Einsamkeit und Verzweiflung keinen anderen Ausweg mehr als Selbstmord gesehen hatte. Immer schockierter grübelte Joy über die politischen und sozialen Ungerechtigkeiten in ihrem Umfeld nach und näherte sich so allmählich dem kommunistischen Gedankengut. Sie entschloss sich schließlich, der Kommunistischen Partei beizutreten.

Zur gleichen Zeit arbeitete sie an ihrem ersten Roman „Anya", dessen Handlung in der Ukraine, der Heimat ihrer Mutter, spielte. Der Roman wurde 1940 veröffentlicht und hatte großen Erfolg. Gleichzeitig veröffentlichte sie mehrere Gedichte, in denen sie ihre politische Einstellung deutlich zum Ausdruck brachte. Finanziell wurde Joy in dieser Zeit von ihren Eltern unterstützt, sodass sie ihrer Tätigkeit als Schriftstellerin ohne materielle Sorgen nachgehen konnte.

1942 lernte Joy auf einer Veranstaltung der Kommunistischen Partei den Schriftsteller Bill Gresham kennen. Sie heirateten am 2. August 1942. 1944 wurde ihr Sohn David, 1945 der zweite Sohn, Douglas, geboren. Mit der Gründung ihrer Familie verlor Joy allmählich das Interesse am Kommunismus. Im Rückblick berichtete sie:

Mein kleiner Sohn war etwas Reales, ebenso meine Verantwortung für ihn. Im Vergleich dazu erschien meine Pflicht der Arbeiterklasse gegenüber als äußerst fragwürdig und unkorrekt. Mir fiel auf, dass unter den Kindern eifriger Kom-

munisten viele vernachlässigte, neurotische Würmer waren, und ich begann, an der Echtheit einer Liebe zur Menschheit zu zweifeln, die nicht im Hause anfing.

1946 trat Joy aus der Partei aus. Sie begründete dies folgendermaßen:

1946 hatte ich zwei kleine Kinder zu versorgen. Ich hatte keine Zeit für Parteiaktivitäten und ich war froh darüber. Ich erwähnte die Partei kaum noch, außer um darüber zu schimpfen. Und doch glaubte ich aus Gewohnheit weiter daran, dass der Marxismus wahr sei. Aus Gewohnheit und noch aus einem anderen Grund. Von der Möglichkeit eines göttlichen Eingreifens wusste ich zu der Zeit noch nichts und an den allmählichen Fortschritt glaubten wir schon lange nicht mehr. Wenn ich nun, im Zeitalter der Atombombe, mein Vertrauen auf gewaltsame Mittel zur Schaffung des Himmels auf Erden verlieren sollte, welche irdische Hoffnung blieb mir dann noch?

Sehr bald zeigte sich, dass die Ehe mit Bill Gresham schwierig war. Joys Ehemann hatte Alkoholprobleme und immer wieder außereheliche Beziehungen zu anderen Frauen. Zudem waren Geldsorgen der ständige Begleiter der Familie.

1946 erlitt Bill einen Nervenzusammenbruch. Diese Eskalation der familiären Schwierigkeiten brachte Joy an den Rand ihrer Kräfte. Sie machte die Erfahrung, dass sie trotz ihrer Intelligenz, Energie und Durchsetzungskraft doch nicht immer alles im Griff hatte. In diesem Moment, als sie seelisch am Ende war und keinen Ausweg mehr sah, begegnete sie Gott.

Drei Jahre später, 1949, beschrieb sie dieses Erlebnis in einem Bericht in der „New York Post“:

Zum ersten Mal musste ich mir eingestehen, dass ich doch nicht „Herr meines Schicksals“ und „Kapitän meiner Seele“ war. All mein Widerstand, die Wälle der Arroganz und Selbstsicherheit, der Eigenliebe, hinter denen ich mich vor Gott versteckt hatte, schwanden binnen eines Augenblickes dahin, und – Gott kam zu mir … Es ist unendlich, einzigartig; es gibt dafür keine Worte, keine Vergleiche. Kann man das Meer mit einer Teetasse ausschöpfen? Alle, die Gott kennengelernt haben, werden mich verstehen; die anderen, so stelle ich immer wieder fest, können weder richtig zuhören noch verstehen. Es war jemand mit mir im Raum, für mein Bewusstsein unmittelbar gegenwärtig – eine Person, die so real war, dass mein eigenes Leben im Vergleich dazu wie ein Schattenspiel wirkte. Und ich selbst war so lebendig wie noch nie zuvor; es war so, als sei ich vom Schlaf erwacht.

Dieses Erlebnis änderte Joys Leben nachhaltig. Sie akzeptierte die Existenz Gottes und entschied sich dafür, ihr Leben nun auch mit aller Konsequenz auf diesen Glauben hin auszurichten. Da sie in einem jüdischen Elternhaus aufgewachsen war, beschloss sie, eine gute Jüdin zu werden. Sie setzte sich jedoch auch mit christlicher Literatur und dem Neuen Testament auseinander. In einem Bericht über ihre Bekehrung schrieb die Schriftstellerin:

Ich griff zu Büchern, die ich vorher verachtet hatte … Ich kam zu C. S. Lewis zurück und von ihm lernte ich Schritt für Schritt, wo ich falsch gedacht hatte, wo meine Denkfeh-

ler lagen. Ich fragte mich, ob ich und viele andere ohne seine Werke nicht noch immer im Dunkeln tappen würden. Entscheidend war jedoch die Auseinandersetzung mit dem Neuen Testament: Und der Erlöser, der sich mir offenbart hatte, den ich unter Tausenden wiedererkannt hätte – nun, als ich das Neue Testament las, erkannte ich ihn. Es war Jesus.

Zu dieser Zeit schien sich einiges im Hause Gresham zu ändern. Auch Bill fing an, sich mit dem christlichen Glauben auseinanderzusetzen. Außerdem wurde einer seiner Romane kurz nach Erscheinen verfilmt. Von dem Honorar konnte sich die Familie ein Haus auf dem Land kaufen. Die finanziellen Sorgen waren vorerst ausgeräumt.

Leider war Bills Hinwendung zum Christentum nicht von langer Dauer. Entgegen seiner Vorsätze war er weiterhin seiner Frau untreu und beschäftigte sich mehr und mehr mit dem Buddhismus und der Scientology-Kirche. So blieb die Lebenssituation der Familie Gresham schwierig.

1950 wandte sich Joy in einem Brief an den englischen Schriftsteller C. S. Lewis, dessen Bücher ihr Leben so nachhaltig beeinflusst hatten. Aus diesem Kontakt entstand ein lebhafter Briefwechsel.

Inzwischen hatte sich der Haushalt der Familie Gresham vergrößert: Joys Cousine Renée hatte mit ihren beiden Kindern um Unterschlupf gebeten, da ihr Ehemann ein gewalttätiger Alkoholiker war. Hilfsbereit hatten Bill und Joy die drei bei sich aufgenommen.

Joy und Renée waren völlig unterschiedliche Persönlichkeiten. Während Joy wenig Wert auf ihr Äußeres legte, achtete Renée auf modische Kleidung und ein attraktives

Aussehen. Dies wirkte sich sehr bald positiv auf die Schriftstellerin aus. Im Laufe der Zeit schenkte nun auch sie ihrem Aussehen mehr Beachtung. Sie fing an abzunehmen, sich attraktiver zu kleiden und entwickelte sich zu einer sehr hübschen Frau.

Auch der Haushalt der Familie Gresham profitierte von der Anwesenheit Renées. Joy hatte neben ihrer Arbeit als Schriftstellerin und ihren Aufgaben als Mutter wenig Zeit und Energie in die Haushaltsführung gesteckt. Hausarbeit war ihr zuwider, was sie auch deutlich äußerte.

Das Problem liegt darin, dass die Hausarbeit zu einfach, zu langweilig ist. Putzen und Geschirr spülen vermitteln einem nicht das Gefühl, etwas geleistet zu haben.

Renée hingegen, der ein geordneter Haushalt stets wichtig war, übernahm nun die Hausarbeit. Sie war eine gute Hausfrau und konnte so ihre Dankbarkeit für die Gastfreundlichkeit der Greshams zum Ausdruck bringen.

1952 arbeitete Joy an einem Manuskript mit dem Titel „Rauch über den Bergen – eine Auslegung der Zehn Gebote". Sie hatte Zeitdruck und musste dieses Manuskript unbedingt fertigstellen. Dazu brauchte sie Ruhe und Abstand – sie musste für kurze Zeit ihre schwierigen Lebensverhältnisse hinter sich lassen.

Eine Reise nach England war schon immer ihr großer Traum gewesen, hatte sie sich doch von jeher gern mit englischer Literatur und Geschichte beschäftigt. Der Briefwechsel mit C. S. Lewis hatte ein Übriges dazu beigetragen. Nun, da sie die Haushaltsführung in den Händen von Renée gut aufgehoben wusste, erfüllte sie sich diesen langjährigen Wunsch. Im August 1952 schiffte sich Joy schließlich in New York ein, um endlich nach England zu reisen. Über die Gefühle, die sie ihrem Mann vor der Reise entgegenbrachte, schrieb sie später:

Ich stand so sehr unter Bills Einfluss, dass ich räumlichen Abstand von ihm brauchte und einen der klügsten Denker unserer Zeit um Rat fragen musste.

Dieser Mensch, von dem Joy Gresham sich Hilfe erhoffte, war C. S. Lewis.

C. S. Lewis, von seinen Freunden „Jack" genannt, wurde am 29. November 1898 in Belfast geboren. Zu seinem drei Jahre älteren Bruder Warren hatte er zeitlebens eine sehr enge Beziehung. Die beiden Brüder erlebten zunächst eine sehr glückliche Kindheit, bis 1908 ihre Mutter an Krebs starb. Man schickte sie in ein Internat nach England, das mit gestrenger Hand geführt wurde. Beide Jungen waren mehr als unglücklich dort.

Nach der Schule besuchte Jack das College. Der Unterricht und die Erlebnisse dort führten dazu, dass seine Zweifel am Christentum immer größer wurden und er allmählich seinen Glauben an Gott verlor. Von nun an bezeichnete sich C. S. Lewis als Atheist und sein Leben war geprägt von einem tiefen Pessimismus.

1916 legte er die Aufnahmeprüfung für die Universität Oxford ab. Während er in den alten Sprachen ausgezeichnete Prüfungsergebnisse ablieferte, scheiterte er an der Mathematikprüfung. Trotzdem durfte er mit dem Studium beginnen. Bereits im ersten Semester erhielt er jedoch die Einberufung zum Militär und kam im November 1917 mit 19 Jahren an die Front. Nach einer schweren Kriegsverletzung kehrte er 1919 nach Oxford zurück. Als Kriegsveteran wurde ihm die noch ausstehende Prüfung in Mathematik erlassen, so studierte er nun Alte Sprachen, Philosophie und Englisch.

Während seines Studiums näherte sich Jack allmählich wieder dem christlichen Glauben, denn viele der Autoren, die er am meisten schätzte, hatten einen christlichen Hintergrund. So schrieb er in seiner Autobiografie: „Christen irren sich, aber alle anderen sind langweilig."

1925 wurde Jack als Dozent an das Magdalen-College in Oxford berufen. 1930 kaufte er sich dort ein Haus, in das auch Jacks Bruder, Warren, nach seinem Austritt aus der Armee einzog.

Die Auseinandersetzung mit dem Christentum ließ C. S. Lewis nun nicht mehr los. Er konnte seine atheistische Einstellung nicht länger aufrechterhalten. Er berichtete:

Als ich in der englischen Fakultät zu lehren begann, fand ich zwei weitere Freunde, beide Christen. (Diese wunderlichen Leute schienen jetzt überall aufzutauchen.) Es waren H. F. v. Dyson (damals Reading) und J. R. R. Tolkien.

Schließlich gab C. S. Lewis seinen Widerstand gegen den Glauben auf. Diese Entscheidung beschrieb er später mit folgenden Worten:

Das, was ich so sehr gefürchtet hatte, war schließlich über mich gekommen. Im Sommersemester 1929 gab ich nach, gab zu, dass Gott Gott war, und kniete und betete, vielleicht in jener Nacht der verworfenste und widerwilligste Bekehrte in England. Ich sah damals noch nicht, was jetzt das Leuchtendste und Selbstverständlichste ist, die göttliche Demut, die einen Bekehrten selbst unter solchen Bedingungen annimmt. Der verlorene Sohn kam immerhin auf eigenen Füßen nach Hause ... Die Härte Gottes ist milder als die Sanftheit des Menschen und sein Zwang ist unsere Befreiung.

Ähnlich wie Jahre später bei Joy Gresham bedeutete für Lewis dieses Erlebnis zunächst eine Anerkennung der Existenz Gottes, nicht jedoch eine Hinwendung zum Christentum. Nun wollte er mehr über diesen Gott wissen, begann sonntags den Gottesdienst zu besuchen und regelmäßig in der Bibel zu lesen. Mit seinen Freunden Tolkien und Dyson diskutierte er häufig über das Christentum. 1931 entschied er sich endgültig für den christlichen Glauben. Er schrieb an seinen Freund Arthur Greeves:

Ich bin gerade vom Glauben an Gott zum festen Glauben an Christus – an das Christentum – übergegangen. Ich werde ein andermal versuchen, es zu erklären. Meine lange nächtliche Unterhaltung mit Dyson und Tolkien hatte eine ganze Menge damit zu tun.

Von nun an lebte C. S. Lewis geprägt von seinem Glauben, der ihn zu vielen Büchern und Artikeln inspirierte. Aufgrund einer Reihe von Radiosendungen während des Zweiten Weltkrieges, in denen er über den christlichen Glauben sprach, wuchs seine Popularität, denn er war in der Lage, Glaubensinhalte und theologische Wahrheiten einem Millionenpublikum verständlich zu machen. Nach der Veröffentlichung des Buches „Dienstanweisung an einen Unterteufel" erschien 1950 ein Bild von C. S. Lewis auf der Titelseite des „Time"-Magazins und er wurde auch in den USA zu einer bekannten Persönlichkeit.

Unzählige Menschen wandten sich in persönlichen Briefen mit ihren Nöten an C. S. Lewis, der inzwischen zu einem der prominentesten und bekanntesten christlichen Schriftsteller geworden war. Er nahm sich viel Zeit, diese Post zu bearbeiten, und fühlte sich verpflichtet, jeden Brief zu beantworten.

Eine der Personen, die sich mit ihren Fragen an C. S. Lewis wandten, war Joy Davidman Gresham. C. S. Lewis' Bruder, Major Warren Hamilton, hielt die Ankunft ihres ersten Briefes in seinem Tagebuch fest:

Bis zum 10. Januar 1950 hatten wir noch nie etwas von ihr gehört; dann erschien sie plötzlich in der Post als ein weiterer Fan aus Amerika; eine Mrs. W. L. Gresham aus der Nähe von New York. Allerdings mit dem Unterschied, dass sie sich mit ihren unterhaltsamen und geistreichen Briefen aus der Masse abhob, und bald wurden Jack und sie Brieffreunde.

Im September 1952 luden Joy Davidman und ihre englische Brieffreundin Phyllis Williams, bei der sie in London wohnte, C. S. Lewis zu einem gemeinsamen Essen ins Eastgate-Hotel in Oxford ein. Zu ihrer großen Freude nahm er die Einladung an. Bald darauf revanchierte er sich und lud die beiden Damen seinerseits ein, mit ihm und einem Freund im Magdalen-College zu speisen. Bei diesen beiden ersten Treffen verstanden sich Jack und Joy sehr gut, und kurz darauf erhielt sie die Einladung zu einem Treffen mit Jack und Warren Lewis. Vier Jahre später beschrieb Warren diese erste Begegnung mit Joy folgendermaßen:

Ich wusste nicht gleich, was ich von ihr zu halten hatte. Es stellte sich heraus, dass sie Jüdin war, mittelgroß, schlank, mit Hornbrille, außergewöhnlich ungeniert. Als wir uns zum ersten Mal zum Essen im Magdalen-College begegneten, fragte sie mich in Gegenwart von drei oder vier Männern, als ob es die natürlichste Sache von der Welt sei: „Gibt es in diesem Mönchskloster auch irgendwo eine Damentoilette?“

Jack war überrascht, dass diese Frau so viele ähnliche Interessen und Vorlieben hatte wie er selbst. Mit ihr konnte er wandern, Bier trinken, lachen und diskutieren. Jahre später beschrieb er diese Beziehung mit den folgenden Worten:

Sie war mir ... alles, was mir je ein Freund bedeutet hat (und ich habe gute Freunde). Vielleicht noch mehr. Wenn wir uns nie ineinander verliebt hätten, so hätten wir doch immer zusammengesteckt und Ärgernis erregt. Das habe ich damals gemeint, als ich ihre „männlichen Eigenschaften“ lobte. Sie wollte davon allerdings nichts wissen und fragte zurück, ob ich es gerne hätte, für meine weiblichen gelobt zu werden.

Die Freundschaft zwischen Jack und Joy wuchs, sodass er sie schließlich über Weihnachten zu sich nach Hause einlud. In einem Brief an einen Freund beschrieb sie dieses Fest:

Die Weihnachtszeit bei den Lewis' war schon ein besonderes Erlebnis. Ein riesiger Truthahn und dazu ein Burgunder aus dem Keller des Magdalen-College. Ich stibitzte ein Glas davon für die Soße. Sie hielten das für eine Majestätsbeleidigung – bis sie die Soße probierten ... Außerdem gingen wir häufig spazieren und redeten viel miteinander ... Ich bin zur Anglomanin geworden und kann es kaum abwarten, mich hier niederzulassen; ich habe mich doch noch nirgends so heimisch gefühlt wie in London und Oxford. Und im Vergleich zu dem zauberhaften Goldton, der über der englischen Landschaft liegt, erscheint mir Amerika glanzlos und eintönig.

Anfang 1953 machte sich Joy wieder auf die Reise zurück in die USA. Kurz vor ihrer Abreise erhielt sie einen Brief von ihrem Ehemann, in dem er ihr eine weitere seiner Affären gestand. Bill schrieb ihr:

Renée und ich lieben uns seit etwa Mitte August. Wenn unsere Liebe nicht gewesen wäre, hätte ich den Sommer wohl kaum durchgestanden – angesichts all der Aufregung und Verzweiflung über unsere schwierige finanzielle Lage ... Ich glaube zu verstehen, was Du Dir im Hinblick auf unsere Ehe vorgenommen hast. Du möchtest sie wieder „in Gang bringen", wenn Du nach Hause kommst. Aber ich finde, dass solche Entscheidungen Menschenopfer auf dem Altar der Willenskraft bedeuten, bei denen Redakteurinnen von Frauenzeitschriften als Hohepriester dienen ... Ich bin bereit, die volle Verantwortung für diese Sache zu übernehmen, falls es dabei überhaupt etwas zu verantworten gibt. Aber man kann sich nicht zwingen, sich zu verlieben, schon gar nicht zum zweiten Mal.

Trotzdem kehrte Joy nach New York zurück. Über ihren Empfang dort schrieb sie später an einen Freund:

Bill begrüßte mich, indem er mich ein wenig durchprügelte ... Zwei Tage nachdem er mich halb erwürgt hatte, fragte er mich allen Ernstes: „Hast du je erlebt, dass ich brutal oder ausfallend geworden bin?"

Joy machte ihrer Cousine Renée keine Vorwürfe, denn die Ehe zwischen ihr und Bill war ja bereits vor ihrer Abreise nach Europa sehr schwierig gewesen. Zudem hatte sie Bills Probleme mit der ehelichen Treue ja gekannt und das Risiko, dass Bill eine Beziehung mit Renée eingehen könnte, in Kauf genommen.

Schon einige Wochen vor ihrer Rückkehr nach Amerika hatte Joy in ihrem Buch „Rauch über dem Berg" geschrieben:

Es gibt viele Formen von Ehebruch. Alle diese Methoden laufen in Wirklichkeit auf das Gleiche hinaus: auf ein Verderben des Herzens, auf eine Zerstörung des Zuhauses, auf ein Ende der Liebe ...

Nun stand sie selbst endgültig vor ihrer gescheiterten Ehe und musste sich eingestehen, dass diese Beziehung keinen Sinn mehr hatte. Sie willigte schließlich in die Trennung ein, denn ihr war bewusst geworden, dass es unmöglich ist, eine Ehe aufrechtzuerhalten, wenn der Partner dazu nicht bereit ist.

Zunächst musste die Scheidung jedoch noch einige Zeit aufgeschoben werden, da die Greshams nicht genug Geld für einen Anwalt hatten. Schließlich reichte Bill die Scheidungsklage wegen Zerrüttung und böswilligen Verlassens ein. Am 5. August 1954 wurde die Scheidung rechtskräftig und am selben Tag heiratete Bill Renée, die sich bereits von ihrem Mann hatte scheiden lassen.

Joy musste ihr Leben noch einmal ganz neu organisieren. Sie war nun alleinerziehende Mutter und musste völlig auf sich gestellt für das Wohl ihrer kleinen Familie sorgen. Die Zeit in England hatte sie in guter Erinnerung und so beschloss sie, ihre Zelte in Amerika abzubrechen und in England noch einmal einen Neuanfang zu wagen.

Mit den beiden Söhnen David und Douglas reiste sie im November 1953 nach Liverpool. Zunächst war das Leben in England für die kleine Familie sehr schwer, denn die von Bill zugesagten Unterhaltszahlungen kamen unregelmäßig und blieben zum Teil ganz aus. Für den Anfang mietete sich Joy in London in einem Hotel ein. Als die Hotelbesitzerin die finanziellen Schwierigkeiten von Joy erkannte, bot sie ihr eine kleine Mietwohnung an. So konnte Joy voller Dankbarkeit an Bill schreiben: „Der Herr ist wirklich mein Hirte!"

Als Nächstes suchte Joy nach der richtigen Schule für ihre beiden Söhne. Eine gute Schulbildung war ihr wichtig und so entschied sie sich für das beste Internat, das sie finanzieren konnte. Als im Dezember 1954 der Alltag der Familie allmählich in geregelten Bahnen verlief, besuchte Joy mit ihren beiden Söhnen die Brüder Lewis. Vier Tage lang verbrachten sie Zeit miteinander. Douglas, der damals acht Jahre alt war, beschrieb seinen ersten Eindruck von C. S. Lewis so:

Am Anfang war ich irgendwie enttäuscht von ihm. Ich hatte natürlich die Geschichten über König Arthus, die Ritter der Tafelrunde und auch die Narnia-Chroniken gelesen. Und jetzt würde ich den Mann treffen, der quasi ein Freund des Hochkönigs Peter von Narnia war und der Aslan, den großen Löwen, kannte. Ich hatte wohl erwartet, dass er eine silberne Rüstung und ein Schwert tragen würde. Natürlich sah er nicht so aus. Er war ein ältlicher Mann mit beginnender Glatze, eben ein alternder Professor mit langen nikotingelben Fingern und Zähnen und sehr, sehr schäbiger Kleidung. Darum war ich natürlich enttäuscht – ich hatte wohl einen Helden erwartet. Seine lebhafte Persönlichkeit aber, sein Mitgefühl, seine Güte und sein Sinn für Spaß und Humor radierten die sichtbaren Mängel an ihm aus. Ich war desillusioniert – aber ich habe einen sehr guten Freund gefunden …

Auch Jack blieb der Besuch der Greshams im Gedächtnis. In einem Brief an einen Freund fasst er die Ereignisse wie folgt zusammen:

Letzte Woche war eine Dame aus New York mit ihren zwei Buben bei uns zu Besuch. Kannst Du Dir zwei verknöcherte alte Junggesellen in solch einer Situation vorstellen? Aber es klappte hervorragend, obwohl es sehr, sehr anstrengend war, die Energie kleiner Amerikaner ist in der Tat erstaunlich. Für diese beiden war ein Querfeldeinmarsch von fünf Kilometern nur ein Zwischenspiel in einem Tag ununterbrochener Aktivität, und als wir mit ihnen auf dem Turm im Magdalen waren, sagten sie, kaum dass sie wieder auf dem Erdboden standen: „Gehen wir noch mal!“

Für Joy waren es genauso ereignisreiche Tage. In einem Brief an Bill berichtet sie über das Erlebte:

Die Lewis' waren begeistert von den beiden ... Jack wurde wieder ganz Schuljunge und stürmte mit den Jungen voraus, immer dorthin, wo das Gestrüpp am dornigsten, der Matsch am größten und die Böschungen am steilsten waren. Warnie und ich zuckelten hinterher und kamen uns schrecklich alt vor ...

So waren diese vier Tage für alle von großer Bedeutung und erfüllt von Freude, doch leider war die Zeit auch viel zu schnell vorbei. Zurück in London wurde Joys finanzielle Situation immer prekärer. Ab Januar besuchten David und Douglas nun das Internat und zur Wohnungsmiete kam auch noch das Schulgeld hinzu. So ließ Joy während der Woche häufig das Mittagessen ausfallen, um ihre Söhne am Wochenende besuchen zu können. Ohne die Unterstützung ihrer Eltern und der von C. S. Lewis wäre die Situation unerträglich gewesen. An Bill schrieb Joy im August 1955:

Jack war sehr erfreut, dass Du etwas Geld schicken willst, aber er besteht darauf, die Schulgebühren zu übernehmen. Ich kann es mir nicht leisten abzulehnen. Ich hoffe, es wird künftig nicht mehr nötig sein.

Immer, wenn es sein Vorlesungsplan erlaubte, besuchte Jack Joy in London. Dies waren Lichtblicke in ihrer Einsamkeit. C. S. Lewis machte Joy auch mit seinen Freunden in London bekannt, um ihr so schneller zu einem Bekanntenkreis zu verhelfen. Doch nicht alle waren von der Schriftstellerin begeistert. Sie war es gewohnt, unverblümt ihre Meinung zu sagen, liebte scharfe Streitgespräche und kritische Diskussionen. Mit ihrer schroffen Art brüskierte sie viele der Engländer, die mehr Zurückhaltung gewohnt waren. Auch die Tatsache, dass sie geschieden war, machte es ihr nicht leicht, einen neuen Bekanntenkreis aufzubauen.

1954 wurde in England Joys Werk „Rauch über dem Berg" veröffentlicht. Sie beschäftigt sich darin mit der Anwendung der Zehn Gebote auf die heutige Zeit. Viele Passagen spiegeln sehr deutlich das eigene Erleben der Schriftstellerin wider. Sie schreibt darin etwas:

... Es gibt Ehen, die Gott selbst scheidet – wenn ein Ehepartner verschollen ist oder den anderen verlassen hat, wenn Leib und Seele gefährdet sind, wenn es gilt, Kinder um jeden Preis vor einem gewalttätigen Elternteil zu schützen.

Im Sommer 1955 verlagerte sich der Lebensmittelpunkt der Greshams erneut, denn sie zogen nach Oxford um. Dort hatte C. S. Lewis eine passende Wohnung für sie gefunden, die sich nur eine Meile von seinem eigenen Haus entfernt befand. Er bestand darauf, die Mietkosten für diese Wohnung zu übernehmen. Die Familie fühlte sich in ihrem Heim schnell wohl, gab es doch einen großen Garten und die Möglichkeit, Obst und Gemüse anzupflanzen. Bald zogen auch noch ein Wellensittich und zwei Katzen ein.

Jack kümmerte sich gerne um die beiden Jungen, David und Douglas, und traf sich häufig mit Joy. Sein Bruder Warren schrieb später über diese Zeit:

Sie und Jack sahen sich jetzt täglich. Es war nun offensichtlich, was kommen musste.

Einer Freundin gegenüber erklärte Joy, dass sie sich heftig in C. S. Lewis verliebt habe. Aus rechtlicher Sicht stand einer Heirat nichts im Weg, denn Joy war ordnungsgemäß geschieden, doch als Christen standen sowohl Joy als auch Jack der Wiederheirat Geschiedener kritisch gegenüber. In ihrem Buch „Rauch über den Bergen" hatte Joy geschrieben:

Das Gebot unseres Herrn über die Ehe ist so scharf und gerade wie ein Schwert. Deine Frau ist ein für alle Mal deine Frau, sagt er; du kannst sie nicht wegschicken, außer wenn sie die Ehe bricht (und selbst diese Ausnahme steht nur in einem der Evangelien). Und eine geschiedene Frau begeht Ehebruch, wenn sie wieder heiratet.

Diese Aussage war eindeutig. Jack und Joy mussten damit rechnen, dass eine Eheschließung auf Kritik und Unverständnis bei ihren christlichen Freunden stoßen würde. Als Christen, die in der Öffentlichkeit bekannt waren, sahen sie sich in der Pflicht, mit ihrem Lebensstil ein Zeugnis für ihren Glauben abzugeben, „ein Brief Christi" zu sein, wie es Paulus formuliert hat.

Doch die Beziehung zwischen Jack und Joy wurde enger und enger. Sie unternahmen vieles gemeinsam und wurden in Oxford immer häufiger als Paar wahrgenommen. Oft gingen sie gemeinsam essen, man traf sie plaudernd beim Teetrinken oder sie genossen es, einfach nur Händchen haltend über die Heide zu wandern.

Jack besprach gerne seine Werke mit Joy. Die Hauptfigur in seinem Buch „Du selbst bist die Antwort" hat große Ähnlichkeit mit Joy. Das Buch erschien mit der Widmung „Für Joy Davidman".

In seinem Werk „Was man Liebe nennt" beschreibt C. S. Lewis deutlich seine Erfahrungen mit Freundschaften zwischen Männern und Frauen:

Die Geschlechter begegnen einander in Zuneigung oder Eros ... aber selten treffen sie sich in der Kameradschaft, die bei gemeinsamen Aktivitäten wächst und die Voraussetzung für eine Freundschaft schafft ... Wo jedoch Männer und Frauen Seite an Seite arbeiten, wie etwa in meinem Beruf ... sind Freundschaften nichts Außergewöhnliches.

Für beide bedeutete die gegenseitige Liebe trotz der schwierigen Umstände und der ungeklärten Verhältnisse ein großes Glück. Jacks Freunde beschrieben den Schriftsteller als verändert, ruhiger, sanfter und entspannter.

Auch Joys Söhne wuchsen Jack immer mehr ans Herz. Neben dem Schulgeld und der Wohnungsmiete bezahlte er ihre Kleidung und kaufte sogar ein Pferd für die beiden Jungen.

Doch dieses friedvolle Miteinander sollte bald gestört werden. 1956 erhielt Joy den Bescheid, dass die britische Einwanderungsbehörde die Verlängerung ihres Besuchervisums ablehnte. Nun drohte der Familie die Ausweisung. C. S. Lewis stand plötzlich vor dem Problem, dass die Frau, die er liebte, bald wieder nach Amerika zurückkehren müsste.

Die einzige Lösung für sie alle bestand darin, dass Joy

britische Staatsbürgerin wurde. Durch die Heirat mit einem Briten bekäme sie automatisch die britische Staatsbürgerschaft. So war nun schnelles Handeln gefragt.

Am 23. April 1956 fand die standesamtliche Trauung statt. Nur wenige Freunde wussten von der Hochzeit und C. S. Lewis wollte diese auch nicht publik machen. Seinem Bruder erklärte er, dass die ganze Angelegenheit nur ein formaler Vorgang sei und Joy weiterhin als Frau Gresham in ihrem Haus ein und aus gehen werde. Doch Warren sah die ganze Angelegenheit eher kritisch. Er notierte in seinem Tagebuch:

Joy, deren Absichten von allem Anfang an klar waren, begann schon bald, ihr Recht geltend zu machen, und sagte ganz richtig, dass es ihrem Ruf schade, wenn Jack tagtäglich bei ihr ein und aus gehe und oft bis nachts bleibe ...

Vergeblich bat C. S. Lewis bei der anglikanischen Kirche um die kirchliche Trauung. Die Begründung, dass Joys erster Ehemann, Bill, bereits vor seiner Heirat mit Joy geschieden worden war und dass diese Ehe somit aus Sicht der Kirche bereits ungültig gewesen sei, lehnte der Bischof ab.

Bevor das Ehepaar sich jedoch weitere Gedanken um seine gemeinsame Zukunft machen konnte, erhielt Joy eine Nachricht, die die Situation grundlegend veränderte. Bereits im Juni 1956 hatte sie unter heftigen Schmerzen in der Hüfte gelitten, die sie für Rheumatismus hielt. Am 18. Oktober 1956 stolperte sie dann und stürzte. Nach dem Sturz hatte sie schreckliche Schmerzen und konnte sich nicht mehr bewegen. Sofort wurde sie ins Krankenhaus gebracht und erfuhr dort die schreckliche Diagnose: Ihr linker Oberschenkel war völlig von Krebs zerfressen und daher gebrochen. Auch in der Brust wurde ein Tumor entdeckt. Mehrere Operationen waren nötig, doch trotz allem hatten die Ärzte kaum noch Hoffnung auf eine Genesung. Sie gaben Joy nur noch wenige Monate.

Nun, da Joy lebensbedrohlich erkrankt war, beschloss Jack, die heimliche Heirat öffentlich bekannt zu machen, unabhängig davon, welche Folgen dies haben könnte. An seinen Freund Arthur Greeves schrieb er:

Falls sie dies Äußerste übersteht und aus dem Krankenhaus herauskommt, wird sie doch nicht mehr imstande sein, alleine zu leben – also muss sie hierher kommen. Das heißt, dass unsere Heirat, wenn wir nicht Anstoß nehmen wollen, bald publik gemacht werden muss.

So kam es Weihnachten 1956 zu der Anzeige in der „Times", die auch anfangs schon erwähnt wurde.

Ihre Vermählung geben bekannt: Professor C. S. Lewis, Magdalene-College, Cambridge, und Frau Joy Gresham, z. Zt. im Churchill-Hospital, Oxford. Es wird darum gebeten, von Glückwunschschreiben abzusehen.

Die Lewis-Brüder nahmen David und Douglas zu sich. Warren hatte Joy inzwischen als seine Schwägerin akzeptiert. Auch ihm machte ihre schwere Krankheit sehr zu schaffen. Er schrieb in sein Tagebuch:

Ich habe sie noch nie so lieb gehabt wie jetzt, da sie so elend daliegt. Ihre Tapferkeit und ihre Fröhlichkeit sind vorbildlich. Sie spricht von ihrer Krankheit und dem, was sie durchmacht, als ob sie von einer Freundin erzählte. Gebe Gott, dass sie wieder gesund wird.
(...) Einer der schmerzlichsten Tage meines Lebens. Sie haben Joy das Todesurteil gesprochen; das Ende ist nur noch eine Frage der Zeit.

Joy selbst schwankte verständlicherweise zwischen Mut, Hoffnung und Verzweiflung. In einem Brief schrieb sie:

Ich bin gerade in einer ziemlich schlechten Verfassung. Sie hatten mir fest versprochen, dass die Bestrahlungen helfen würden. Ich hatte alle meine Hoffnungen darauf gesetzt, wenigstens noch ein Jahr oder etwas mehr mit Jack glücklich zu sein – und nun sieht es so aus, als müsste ich mit meinem gebrochenen Oberschenkel im Krankenhaus herumliegen und auf den Tod warten und kann nichts tun, was dies letzte bisschen Leben nützlich oder erträglich machen würde. Ich bemühe mich sehr, am Glauben festzuhalten, aber es fällt mir schwer, alles scheint so sinnlos, so unbarmherzig grausam zu sein ...

Doch ihr Glaube half Joy und bald schöpfte sie wieder Mut. Endlich konnte sie schreiben:

Es sieht wieder heller aus. Mein Gebet um Gnade ist erhört worden. Jetzt fühle ich, dass ich alles, was noch kommen mag, werde ertragen können, ohne dabei allzu unglücklich zu sein. Auch das Problem mit den Schmerzen scheint mir nicht mehr so unüberwindlich ... Jack hat mir erklärt, dass es falsch war, die Hoffnung ganz aufzugeben; Ungewissheit ist das Kreuz, das Gott uns aufgelegt hat.

Immer noch war es der große Wunsch des Paares, ihren Bund unter Gottes Segen zu stellen. Im Frühjahr 1957 lud C. S. Lewis seinen ehemaligen Studenten und Freund, Pastor Peter Bide, ein zu kommen und für Joy um Heilung zu beten. Während seines Besuchs kam auch das Problem der kirchlichen Trauung zur Sprache. Viele Jahre später schrieb Bide darüber:

Es schien mir unter diesen Umständen nicht möglich, ihr die äußerlichen und sichtbaren Zeichen der Gnade zu verweigern, die sie sich so sehnlichst wünschte und die eine so verzweifelte Situation zu einem guten Ende führen konnten.

Er erklärte sich bereit, die kirchliche Trauung im Krankenhaus vorzunehmen, obwohl er hierzu eigentlich die Zustimmung des Bischofs benötigt hätte. So versammelten sich am 21. März 1957 Pastor Bide, Jack und Warren in Joys Krankenzimmer. Gemeinsam wurde das Abendmahl gefeiert und die Trauung vollzogen. Trauzeugen waren Warren und eine Krankenschwester.

Eine Woche später wurde Joy schließlich in einem Krankenwagen ins Haus der Lewis' gebracht. Ihr wurde eine Krankenschwester zur Seite gestellt, die sie pflegen sollte. Einige Wochen später schrieb Jack an einen Freund:

Joy ist ganz ans Bett gefesselt ... aber sie hat Gott sei Dank keine Schmerzen, schläft gut und ist oft ganz munter.

Im Gegensatz dazu hatte Jack jedoch Schmerzen. Er hatte Gott darum gebeten, einen Teil von Joys Beschwerden tragen zu dürfen. Nun litt er unter Schmerzen in den Beinen, hervorgerufen durch Kalziummangel, während Joys Körper vermehrt Kalzium produzierte. Joys Gesundheitszustand schien sich allmählich zu bessern und es bildete sich neuer Knochen. Jack schrieb an einen Freund:

Der Zustand meiner Frau … hat sich gebessert, wenn nicht durch ein Wunder, so (wer kann das wissen?) dann doch wenigstens auf wunderbare Weise.

Und Joy schrieb ihrerseits:

Ich lerne langsam wieder zu gehen – am Stock kann ich schon wieder im Haus herumgehen. Das ist fast ein Wunder, nachdem man mir im April höchstens zwei Monate gegeben hat.

Im Januar 1958 stellten die Ärzte mit Erstaunen fest, dass Joys Krankheit zum Stillstand gekommen war.

Zunächst plante Warren nun auszuziehen und das Haus dem frisch vermählten Ehepaar zu überlassen, aber Jack und Joy wollten davon nichts wissen. Daher ließ er sich umstimmen und stellte fest:

Für mich bedeutete Jacks Heirat eine Bereicherung und Belebung unseres Heims durch die Anwesenheit einer gescheiten, großzügigen, belesenen und toleranten Christin, einer der besten Gesprächspartnerinnen, die ich je kennen gelernt habe, deren Gesellschaft eine nie versiegende Quelle der Freude war …

Joy half Jack bei der Beantwortung seiner Post und las seine Manuskripte. Voller Energie ging sie an die Renovierung ihres neuen Zuhauses, da an dem Gebäude dreißig Jahre lang nichts erneuert worden war. Sie kaufte neues Geschirr, initiierte Maler- und Renovierungsarbeiten und schuf so für die beiden Brüder ein Heim mit gemütlicher Atmosphäre.

Joys Gesundheitszustand verbesserte sich weiter. In einem Brief an Freunde schrieb sie:

Meine Sache ist vorläufig zum Stillstand gekommen. Vielleicht geht es noch drei, vier Jahre einigermaßen gut ... Jack und ich bringen es fertig, unter den gegebenen Umständen erstaunlich glücklich zu sein. Wir benehmen uns wie ein junges Paar in den Flitterwochen, wie Anfang zwanzig und nicht wie Leute mittleren Alters.

In „The Atlantic Monthly“ veröffentlichte C. S. Lewis im Januar 1959 seinen Artikel „Die Kraft des Gebets“. Darin schrieb er:

Ich habe am Bett einer Frau gestanden, deren Oberschenkelknochen völlig von Krebs zerfressen war und die auch in vielen anderen Knochen wachsende Krankheitsherde aufwies. Um sie im Bett umzudrehen, waren drei Personen nötig. Die Ärzte gaben ihr noch ein paar Monate; die Schwestern (die es oft besser wissen) ein paar Wochen. Ein frommer Mann legte ihr die Hände auf und betete für sie. Ein Jahr darauf konnte die Patientin laufen (auch bergauf, auf holperigen Waldwegen) und als die letzten Röntgenbilder gemacht wurden, hieß es: „Diese Knochen sind steinhart; es grenzt an ein Wunder.“

Im Sommer 1959 bereisten sie gemeinsam Wales, Irland und Südengland. Das Paar genoss diese Reise sehr und Jack schrieb seine Erinnerungen daran wie folgt nieder:

Wir haben die letzte Woche in einem sehr hübschen Hotel auf dem Lande verbracht – um endlich unsere Flitterwochen nachzuholen. Es ist schon etwas Seltsames mit unserem Denken: Ich bin ein derart eingefleischter alter Junggeselle, dass ich mich des Gefühls nicht erwehren konnte, ich täte etwas Verbotenes („Mit einer Frau im Hotel übernachten!" Wie die Leute in den Illustrierten!).
(...) Wisst ihr, ich hätte nie gedacht, dass ich das einmal erleben würde. Ich hätte mir nicht träumen lassen, dass mir in meinen Sechzigern noch das Glück zuteilwürde, das ich in den Zwanzigern verpasst habe.

Es war eine wunderbare Zeit, die das Ehepaar Lewis gemeinsam verbrachte, und sie genossen die ihnen geschenkten Tage und Wochen und ihre Gemeinschaft in vollen Zügen.

Im Oktober 1959, fast zwei Jahre nach dem Beginn ihrer Genesung, stand für Joy wieder eine Gesundheitskontrolle an. Doch dieses Mal war der Befund schlechter als erhofft. Auf dem Röntgenbild zeigten sich Metastasen und Joy hatte auch wieder Schmerzen. Das, was sie immer befürchtet hatte, war eingetreten: Die Krankheit war zurückgekehrt. Bestrahlungen zeigten dieses Mal leider nicht den gewünschten Erfolg.

In seinem Gedicht mit dem Titel „Rückfall" verarbeitet C. S. Lewis die erneute niederschmetternde Nachricht:

... all unser früh'rer Schmerz,
des Arztes ganze Müh – umsonst.
Das Unerträgliche, das wir
(vergeblich zwar) schon einmal trugen,
muss immer noch getragen sein.

Joy selbst versuchte, ihre schwere Krankheit mit Tapferkeit und Humor zu tragen. Sie stellte fest:

An mir sind so viele Krebsgefühle am Werk, dass sie wohl bald eine Gewerkschaft gründen werden.

Trotz aller Widrigkeiten hatten Jack und Joy noch einen gemeinsamen großen Wunsch: Zusammen wollten sie nach Griechenland. Ihre Freunde, das Ehepaar June und Roger Lancelyne Green, das bereits im Sommer 1959 Griechenland bereist hatte, erklärte sich bereit, das Ehepaar Lewis zwölf Tage auf der Reise zu begleiten. Da sie nicht wussten, wie lange Joy noch in der Lage sein würde, eine solche Strapaze auf sich zu nehmen, beschlossen sie, im April aufzubrechen. Es war ein unvergessliches Erlebnis. C. S. Lewis schrieb später:

Wir sind tatsächlich nach Griechenland gefahren und es war ein voller Erfolg. Joy vollbrachte wahre Wunder, bestieg die Akropolis und lief bis zum Löwentor von Mykene. Sie ist sehr erschöpft zurückgekommen (kein Wunder) und hatte große Schmerzen. Aber ich hätte es ihr nicht abschlagen können.

Kaum zurück aus Griechenland, musste sich die Patientin wieder einer größeren Operation unterziehen. Nachdem sie Anfang Juni aus der Klinik heimgekehrt war, versuchte das Ehepaar Lewis, dem Leben so viel Normalität wie möglich zu geben. Jack und Joy führten lange Gespräche, spielten ihr Lieblingsspiel „Scrabble", Joy schrieb Briefe, und ein Rollstuhl verhalf ihr zu einer gewissen Mobilität. Doch allen war bewusst, dass ihre Lebenszeit bald zu Ende sein würde.

In seinem Buch „Über die Trauer" schrieb C. S. Lewis:

Ich habe einmal zu meiner Frau gesagt: „Wenn du doch auch kommen könntest – falls es erlaubt ist –, wenn ich auf dem Sterbebett liege!" „Erlaubt", hatte Joy entgegnet, „der Himmel wird es ganz schön schwer haben, mich festzuhalten; und was die Hölle anbetrifft, die werde ich kurz und klein schlagen." Sie bediente sich bewusst halb scherzhaft dieser Sprache. Sie hatte ein Zwinkern und eine Träne im Auge. Aber dahinter leuchtete ihr fester Wille auf, der tiefer ging als jedes Gefühl.

Am Morgen des 13. Juli 1960 hatte Joy wieder einmal große Schmerzen. Ein Krankenwagen brachte sie in die Klinik. Dort starb sie am folgenden Morgen.

Jack war untröstlich. Wie sollte er über diesen Verlust hinwegkommen? Er begann zu schreiben. All seine Zweifel, seine Not, seiner Trauer und sein Leiden schrieb er nieder.

Allein die alten Wege gehen – oder gar nicht,
und unterwegs nur ein Glas Bier, statt zwei, bestellen.
Den Scherz, der einem auf den Lippen liegt, nicht machen,
weil ihn doch keiner außer dir verstehen würde.

Und lachen (wieder lachen, oh!) und diskutieren,
wie wir es damals taten, als du noch dabei warst,
sich lustlos täglich mühen, drüber wegzukommen,
zu alten Freunden nett sein, Anteilnahme zeigen
wenn mir doch niemand mehr – oh Gott! – solang ich lebe,
das kleinste Alltagswörtchen sagte, wie du es sagtest ...

Selbst sein Glaube konnte Jack nicht trösten. Es war, als wäre die Tür zu Gott zugeschlagen.

Erst nachdem er drei Hefte mit seinen Gedanken der Trauer und der Verzweiflung vollgeschrieben hatte, schien sich allmählich etwas zu verändern. Jack selbst beschrieb seine Gefühle.

Langsam merkte ich, dass die Türe nicht mehr verschlossen und verriegelt ist. War es meine eigene verzweifelte Not, die sie mir vor der Nase zugeschlagen hat? Vielleicht kann uns Gott seine Hilfe gerade dann nicht geben, wenn unsere Seele nur ein einziger großer Hilfeschrei ist: wie bei einem Ertrinkenden, dem nicht zu helfen ist, weil er einen umschlingt und sich anklammert. Vielleicht macht uns das eigene unablässige Geschrei taub für die Stimme, die wir zu hören hofften ...

Sein Tagebuch aus dieser Zeit veröffentlichte C. S. Lewis unter dem Titel „Über die Trauer“ zunächst unter einem Pseudonym, in der Hoffnung, es möge anderen helfen, mit ihrer Trauer zurechtzukommen. Es wurde zu einem seiner meistgelesenen Bücher. Jack verfasst es auch als eine Liebeserklärung an seine Ehefrau, wie der folgende Auszug zeigt:

Sie war meine Tochter und meine Mutter, meine Schülerin und meine Lehrerin, meine Untertanin und meine Gebieterin; und immer auch meine zuverlässige Kameradin, meine Weggefährtin und Mitstreiterin.

Gedanken und Gesprächsimpulse

Die Ehe zwischen Joy und C. S. „Jack“ Lewis war leider nicht von langer Dauer, doch für beide war sie ein Geschenk Gottes, für das sie unendlich dankbar waren. Mehrere von Jacks Büchern wurden von Joy maßgeblich beeinflusst. Jack wurde von dieser Beziehung zu vielen Gedanken und Auslegungen über die Liebe inspiriert:

Verliebtheit ist etwas Köstliches, aber sie ist nicht das höchste menschliche Gefühl. Liebe im Unterschied zur Verliebtheit ist kein bloßes Gefühl. Sie ist ein tiefes Einssein, das durch den Willen garantiert und durch die Gewohnheit bewusst gefördert wird. Der Motor der Ehe läuft mit dieser stillen Liebe; die Verliebtheit war die Kurbel, die den Motor angeworfen hat.

In diesem Zitat steckt viel Weisheit und eine Erfahrung, die viele Paare im Laufe ihres Lebens gemacht haben: Liebe und eine glückliche Beziehung geschehen nicht von selbst. Man muss beides wollen und fördern. Dies erfordert Zeit, Energie und Engagement. Es ist wichtig und lohnenswert, sich zu überlegen:

Was fördert unsere Beziehung?

Was wirkt sich auf unsere Beziehung kontraproduktiv aus?

Welche Gewohnheiten haben sich für unsere Liebe als hilfreich erwiesen?

Welche Gewohnheiten sollten wir noch mehr einüben?

Ehesegen

Möge Gott euch segnen,
die ihr vor ihm eins geworden seid.
Möge er euch begleiten
auf eurem gemeinsamen Lebensweg.
Möge er euch stets genug an Gütern,
Glück und Zufriedenheit schenken,
dass ihr gut leben und mit anderen teilen könnt.
Möge er euch schützen und bewahren.
Und möget ihr ihn selbst
als Hüter eures Lebens erfahren und ihn preisen.

Aus England

Quellen

Lewis, Clive Staples. *Überrascht von Freude*. Wuppertal: Brockhaus, 1968.

—. *Was man Liebe nennt*. Basel/Gießen: Brunnen-Verlag, 1979.

—. *Über die Trauer*. Einsiedeln/Zürich/Köln: Benziger, 1982.

Dorsett, L. W. *Eine andere Art von Hunger*. Gießen: Brunnen-Verlag: 1985.

ERF. Online/Cina 2008. Wetzlar: Interview mit Douglas Gresham.

Sibley, Brian. *Späte Liebe*. Basel: Brunnen-Verlag, 1987.